INTERFACES DA MISSÃO
A PARTIR DA
AMÉRICA LATINA

RAFAEL LOPEZ VILLASENOR
ESTÊVÃO RASCHIETTI

(Organizadores)

INTERFACES DA MISSÃO
A PARTIR DA
AMÉRICA LATINA

EDITORA SANTUÁRIO

POM

Dados Internacionais de Catalogação na Publicação (CIP) de acordo com ISBD

I61 Interfaces da missão a partir da América Latina / organizado por Rafael Lopez Villasenor, Estêvão Raschietti. - Aparecida : Editora Santuário, 2024.
240 p. ; 14cm x 21cm.

ISBN: 978-65-5527-446-2

1. Religião. 2. Cristianismo. 3. Deus. 4. Missão. 5. Igreja católica. I. Villasenor, Rafael Lopez. II. Raschietti, Estêvão. III. Título.

2024-2682 CDD 240
CDU 24

Elaborado por Odilio Hilario Moreira Junior - CRB-8/9949

Índice para catálogo sistemático:
1. Religião : Cristianismo 240
2. Religião : Cristianismo 24

1ª impressão

Rua Pe. Claro Monteiro, 342 – 12570-045 - Aparecida-SP
Tel.: 12 3104-2000 – Televendas: 0800 - 016 00 04
www.editorasantuario.com.br
vendas@editorasantuario.com.br

SUMÁRIO

APRESENTAÇÃO

A missão se faz reflexão, interpelação e teologia. Podemos dizer, com o teólogo alemão Martin Kähler (1908), que a missão é "a mãe da teologia", pois, desde a época apostólica, os cristãos se encontraram na urgência de "dar razão de sua esperança" (1Pd 3,15), devendo responder a questões que os "outros" lhes apresentavam. Os próprios evangelistas e autores neotestamentários, particularmente Paulo, redigiam suas cartas e suas obras, em um contexto de uma Igreja "obrigada" a fazer teologia, em virtude de seu encontro missionário com o mundo.

Podemos até dizer, com Bevans e Schroeder (2016), que a missão não é somente a "mãe da teologia", mas de certa forma é também "a mãe da Igreja", enquanto, seguindo o roteiro do Atos dos Apóstolos, os discípulos de Jesus não se reconheceram plenamente como Igreja – como realidade *distinta* do judaísmo – até não se sentirem chamados a assumirem uma missão além de si mesmos. A partir dessa perspectiva, a Igreja não nasce concretamente no dia de Pentecostes, ou seja, no momento em que o anúncio de Pedro é dirigido somente aos judeus, mas quando os discípulos compreendem e assumem a missão de anunciar o Evangelho fora de seu ambiente sociocultural, o que acontece com a "Pentecostes dos pagãos" (At 10,44), com o anúncio do Evangelho aos gregos (At 11,20) e com a formação de uma comunidade intercultural em Antioquia, onde pela primeira vez os discípulos receberam o nome de "cristãos" (At 11,26). Dessa maneira, o Concílio Vaticano II pode afirmar, com confiança, que "a Igreja peregrina é por sua natureza missionária" (AG 2), enquanto o Papa Francisco também acrescenta que "a Igreja nasceu em saída" (Mensagem para o Dia Mundial das Missões 2014).

Com efeito, o único mandato que o Ressuscitado deixou a seus irmãos foi o de "fazer discípulas todas as nações". Esse envio não constitui apenas uma tarefa, mas define também uma profunda identidade da Igreja: "a Igreja existe [somente] para evangelizar" (EN 14). Não se trata de um programa proselitista, porque "a Igreja não cresce por proselitismo, mas por atração" (EG 14), uma vez que o discípulo é o praticante da Palavra que liberta, que humaniza, que cura. Da vivência da Palavra das Bem-aventuranças se joga a salvação ou condenação da humanidade: por isso o Evangelho convida a uma metanoia e uma radical mudança de vida, ao estilo de um Deus que "não veio para ser servido, mas para servir e dar a própria vida em resgate de muitos" (Mc 10,45). Um Deus de cabeça para baixo, que é misericordioso, que ama os inimigos, que perdoa sempre, que é ternura para com os pobres e os pecadores. Esse é o Deus que somos chamados a viver, testemunhar e anunciar: um Deus que se faz vida, um Deus que se faz missão.

Com efeito, a missão tem em Deus Trindade seu "amor fontal": missão não é nada mais nada menos que a natureza divina da qual a Igreja é chamada a participar. Deus é missão porque Deus é amor: um amor que transborda, um amor que se entrega, um amor que não se contém e que sai de si. A Igreja encontra nesse amor a vida divina, a vida eterna, a vida doada. Destarte, "a vida se alcança e amadurece à medida que é entregue a dar a vida aos outros: isso é definitivamente a missão" (DAp 360). Portanto, como diria Jürgen Moltmann, não é a Igreja que tem uma missão, mas é uma missão que tem uma Igreja. A missão vem sempre em primeiro lugar!

Imaginemos só por um instante o que nossa Igreja poderia se tornar se levássemos tudo isso a sério, se acreditássemos que a Igreja "não é fim em si mesma, uma vez que se ordena ao Reino de Deus, do qual é princípio, sinal e instrumento" (RMi 18). Que sucederia se tomássemos realmente a sério estas palavras? "Simplesmente reconheceríamos que a ação missionária é o paradigma de toda a obra da Igreja" (EG 15). Já João Paulo

II lembrava que “toda a renovação na Igreja há de ter como alvo a missão, para não cair vítima de uma espécie de introversão eclesial” (EO 19), enquanto Papa Francisco invoca o Espírito para “que venha renovar, sacudir, impelir a Igreja em uma decidida saída para fora de si mesma, a fim de evangelizar todos os povos” (EG 261).

Devemos admitir que se tudo isso for verdade, “nós não somos ‘mais’ Igreja quando construímos a Igreja, mas quando estamos fora dela” (BEVANS, SCHROEDER, 2016, p. 19). “Estar fora”, sair de si, ir sempre mais além, significa estar em lugares “outros”, que não remetem a qualquer nossa referência. Significa se dispor a ser acolhidos como peregrinos na casa dos outros, aprender outra língua, partilhar outra comida, habitar outras fronteiras com um coração sem fronteiras, até os confins da terra. Entendemos essa dimensão universal como elemento crucial que define a qualidade, o alcance e a relevância de toda missão eclesial, uma vez que “a graça da renovação não pode crescer nas comunidades, a não ser que cada uma dilate o campo de sua caridade até aos confins da terra e tenha igual solicitude pelos que são de longe como pelos que são seus próprios membros” (AG 37).

Devemos admitir que estamos um pouco atrasados nisso: nossas comunidades estão muito fechadas em si e em seu entorno; concebemos a missão como uma ação muito limitada, quase circunscritas dentro de nossos âmbitos. Tudo é missão e assim não sabemos nos projetar muito além do que podemos facilmente alcançar, sem muita ousadia, caindo na armadilha de nos fechar em nós mesmos (DAp 376). Não foi assim que a Boa Nova de Jesus chegou até a nós e não foi assim que a Igreja se tornou presente no meio de muitos povos. É verdade que somos igrejas bonitas, alegres, ricas de fé viva, de caminhada profética e cheias de esperança... mas muitas vezes voltadas só para si.

É com esse olhar e com essas inquietações que nós do Centro de Estudos Missionários Latino-Americano (CEMLA) nos reunimos anualmente, há mais de dez anos, para uma semana de encontro, estudo e partilha, com o objetivo de refletir sobre essa missão e publicar fascículos com nossos aportes.

Essa iniciativa reúne missionários e missionárias xaverianas do Brasil, da Colômbia e do México, que buscam caminhos de renovação da missão, por meio da análise das mudanças sociais, políticas, econômicas, religiosas e eclesiais em ato, à luz de uma leitura teológica das diversas realidades. O propósito é oferecer estímulos, pistas e perspectivas para projetos missionários que manifestem sempre mais a relevância do paradigma da missão para a Igreja toda, para os organismos missionários e para a pesquisa teológica.

Apresentamos aqui uma coletânea de nossos artigos em três sessões: teologia da missão; desafios da missão; contextos e sujeitos da missão. Não é nossa pretensão abranger todos os campos da ação missionária, e sim destacar alguns elementos e alguns aspectos missiologicamente relevantes que pouco se abordam na prática pastoral, na formação dos agentes e na reflexão teológica, ainda bastante hesitante e pouco habilitada em dominar determinados assuntos.

Esperamos que estes capítulos sejam um instrumento para a formação missionária dos agentes de pastoral nas comunidades, capacitando-os a desempenhar suas funções de maneira cada vez mais eficaz e significativa em uma Igreja em saída. A formação dos discípulos missionários é um processo abrangente para enfrentar os novos desafios do mundo globalizado. Enfim, a formação profunda e sólida não é apenas uma preparação inicial, mas um contínuo crescimento e aprofundamento na fé, a serviço missionário, essencial para o anúncio do Evangelho no mundo de hoje.

Aguardando tempos melhores, em que a teologia da missão possa ser novamente reconhecida a pleno direito pela pesquisa acadêmica, oferecemos esse contributo para – quem sabe – despertar algum interesse e – esperamos! – algo oportuno e auspicioso para quem se entrega à missão de corpo e alma, até os últimos confins.

OS AUTORES

Carlos Mongardi, Missionário Xaveriano, italiano, mora há mais de 50 anos no México. Possui mestrado em Filosofia em Roma. Pesquisador da cultura, religião e filosofia Nahuatl e Asteca. Professor emérito de Filosofia e Teologia.

Elisabete Miguel Espinhara é Missionária de Maria (Xaveriana). Trabalhou como missionária Ad Gentes no Chade (África). Possui graduação em Ciências da Religião PUCPR, Pastoral da Juventude com concentração em cateque 11,5 / 14se e Evangelização – Universidade Católica Salesiana de Roma. Atualmente é coordenadora do Conselho Missionário Arquidiocesano Arquidiocese de São Paulo. E-mail: bethmmxchade@gmail.com

Francisco Xavier Martinez é Missionário Xaveriano, tem graduação em filosofia e teologia em Burgos e mestrado em Teologia Pastoral pela Universidade Pontifícia Salamanca (Espanha), missionário na Amazônia.

Gerardo Custódio Lopez é Missionário Xaveriano, possui mestrado em Teologia dogmática com ênfase em missiologia em "*The Catholic Theological Union at Chicago*" (1991). Membro da Rede Latino-Americana de Missiologos (RELAMI) e do CEMLA – Centro de Estudos Missionários Latino-Americano dos Missionários Xaverianos. Estudioso do fenômeno de Nossa Senhora de Guadalupe. Atualmente atua na área da Educação. E-mail: gerclsx@yahoo.com.mx

Marta Barral Nieto natural de Madri, Espanha. Missionária leiga Xaveriana. Trabalhou como missionária *Ad Gentes* em Burundi, Chade (África), Timor Leste e no Brasil (Amazônia).

Osvaldo Pulido Reynoso Missionário Xaveriano, trabalha com a juventude em Medellín (Colômbia), tem graduação em teológica na Universidade Pontifícia de Comillas de Madri (Espanha) e pós-graduação em Pastoral Juvenil pela Universidade Javeriana de Bogota.

Rafael Lopez Villasenor é Missionário Xaveriano, doutor em Ciências Sociais com ênfase em Antropologia pela PUC-SP. Tem mestrado em Ciências da Religião pela PUC-SP. Possui graduação em Teologia pelo Centro Universitário Assunção (1995) PUC-SP. Cursou Pós-doutorado em Inovação na Educação pela UIC (Universidade Intercontinental) no México. Assessor da CRB – Conferência dos Religiosos do Brasil e do CEBI (Centro de Estudos Bíblicos). Membro da Rede Latino-Americana de Missiologos (RELAMI). Coordenador do CEMLA – Centro de Estudos Missionários Latino-Americano dos Missionários Xaverianos. Atualmente é o Secretário Nacional da Pontifícia União Missionária das POM.

Raymundo Camacho é Missionário Xaveriano, tem graduação em Filosofia e Teologia pela Faculdade Nossa Senhora da Assunção (1995). Possui pós-graduação em Missiologia pelo Centro Cultural Missionário, além de Antropologia aplicada. Atua há mais de 30 anos com os índios Kayapó. Membro e assessor do CIMI (Conselho Missionário Indigenista). Faz parte do CEMLA.

Estêvão Raschietti possui mestrado em Teologia Dogmática com concentração em Missiologia pela Pontifícia Faculdade de Teologia Nossa Senhora da Assunção – São Paulo, SP, Brasil, doutorado em Teologia com concentração em Teologia Sistemático-Pastoral pela PUCPR – Curitiba, PR, é Missionário Xaveriano. Foi secretário executivo do Centro Cultural Missionário em Brasília, DF, de 2009 a 2016, assessor do Conselho Missionário Nacional (Comina – CNBB), membro da Rede Latino-Americana de Missiologos (RELAMI) e do CEMLA, assessor da Conferência dos Religiosos do Brasil (CRB), professor de Teologia Pastoral e Missiologia e integrante do grupo de assessores do Departamento de Missão e Espiritualidade do Conselho Episcopal Latino-americano (CELAM).

Tea Frigerio (Maria Teodolinda Frigerio), é Missionária de Maria (Xaveriana), italiana, missionária no Brasil desde 1974. Membro e assessora do CEBI (Centro de Estudos Bíblicos) e das CEBs (Comunidades Eclesiais de Base). Mestre em Ciências da Religião pela Pontifícia Universidade Gregoriana de Roma (1985), com pós-graduação em Assessoria Bíblica pela Faculdade EST e CEBI (2005). Professora de Sagrada Escritura no IPAR (Instituto de Pastoral Regional) no Regional Norte II. Membro do CEMLA. Pesquisa Hermenêutica feminista e ecofeminismo a partir da leitura popular da Bíblia.

PARTE 1
A TEOLOGIA DA MISSÃO

1

O PENSAMENTO DECOLONIAL E A MISSÃO CRISTÃ

Estêvão Raschietti

Neste ensaio apresentaremos as linhas constitutivas do pensamento decolonial latino-americano, que apresenta a colonialidade como o "lado escuro" da modernidade, intrinsecamente associada aos propósitos mais emancipadores do Ocidente cristão. Os aportes desse projeto oferecem para uma teologia da missão intuições e elementos analíticos críticos que delineiam quatro âmbitos de indagação interligados entre eles: sujeitos, processos, contextos, projetos. Enveredar pelo caminho decolonial implica para a prática e a teologia da missão uma radical mudança de orientação e motivação.

Um dos mitos do século XX foi a noção de que a eliminação das colônias do Terceiro Mundo representava um processo de descolonização e o começo de uma época "pós-colonial". Contudo, as estruturas globais múltiplas e heterogêneas estabelecidas ao longo de um período de 450 anos, não se evaporaram com a descolonização política da periferia nos últimos 50 anos: "continuamos a viver sob as sombras do mesmo 'padrão colonial de poder'; com a descolonização política, passamos de um período de 'colonialismo global' para o período atual de *'colonialidade global'*" (GROSFOGUEL, 2006, p. 28).

Isso quer dizer que o mesmo sistema se propõe agora não mais sobre as feições de um colonialismo histórico, brutal e genocida, nem sob a forma de um imperialismo formal igualmente violento e opressor, mas sob a condição de uma *colonialidade* mais sutil e sedutora que mantém e consolida uma estrutura hierárquica de classificação, submissão e exploração da população mundial. Não há mais uma dominação explícita por parte de um reino ou de um estado-nação, agora evanescentes, e sim a hegemonia de um capitalismo financeiro estruturalmente e progressivamente desregulamentado, liderado pelos Estados Unidos, que se expressa, na maioria das vezes, de maneira informal, imperceptível e nebulosa (cf. BALLESTRIN, 2017).

A missão cristã nesse contexto corre o risco de se tornar mais uma vez aliada de um projeto colonial, com toda a sua bagagem doutrinal, espiritual, institucional e apostólica, reformulando seus objetivos e suas estratégias à luz de novas hermenêuticas, como também fatalmente influenciada pelo espírito do tempo e do espaço no qual se encontra a atuar. O problema principal não é como garantir a visibilidade ou a imponência da ação cristã no mundo, e sim a fidelidade dessa ação ao Evangelho como anúncio da Boa-Nova do Reino de Deus aos pobres, seguindo o mesmo caminho do Senhor: "o caminho da pobreza, da obediência, do serviço e da imolação própria até a morte, morte de que Ele saiu vencedor por sua ressurreição" (*AG* 5).

Esse apelo é motivo para um permanente discernimento estrutural e penitencial, que deve fazer as contas com as ambivalências históricas e os vínculos intrínsecos da tradição missionária junto à epopeia colonial moderna. Nos últimos quinhentos anos, não há missão cristã sem colonização ocidental e vice-versa: como se repropõe hoje essa relação? Sob quais vestes, fantasias ou máscaras? É possível afirmar que a missão cristã pode ficar completamente livre do fardo colonial?

Neste ensaio apresentaremos as linhas constitutivas do pensamento decolonial latino-americano, que apresenta a colonialidade como o "lado escuro" da modernidade (cf. MIGNOLO, 2010), intrinsecamente associada aos propósitos mais emancipadores do Ocidente cristão. É possível uma autêntica descolonialidade que liberte a humanidade e, particularmente, os povos subalternos, da dominação eurocêntrica? Em que termos e por quais caminhos? Como se situa a proposta missionária cristã diante desta perspectiva?

Os eixos constitutivos do pensamento decolonial

No final dos anos 90, alguns intelectuais latino-americanos de diversas universidades do Continente e dos Estados Unidos, formaram um grupo de pesquisa interdisciplinar que se autodenominou "Grupo Modernidade/Colonialidade" (M/C).[1] O programa de investigação deste coletivo gravitou em torno da categoria central da *colonialidade* como modelo hegemônico cognitivo que sobrevive ao colonialismo e ao imperialismo:

> Unificou esses autores, portanto, a ideia de que a modernidade não é um fenômeno intraeuropeu, mas uma construção simbólica e histórica nascida da violência colonizadora ou da subalternização dos povos "originários" da América Latina e de outras regiões colonizadas do mundo (MOTA NETO, 2015, p. 64).

Consequentemente, a *decolonialidade* configura um processo que busca transcender historicamente a *colonialidade*, com o intento de subverter o poder colonial atual que domina no mundo, mesmo o colonialismo ter sido extinto como evento histórico.

[1] Entre eles: Aníbal Quijano, sociólogo da Universidad Nacional de São Marcos, Peru; Arthuro Escobar, antropólogo colombiano da University of North Carolina, EUA; Boaventura de Sousa Santos, sociólogo da Universidade de Coimbra, Portugal; Catherine Walsh, linguista americana da Universidad Andina Simón Bolívar, Equador; Edgardo Lander, sociólogo da Universidad Central de Venezuela; Enrique Dussel, filósofo argentino da Universidad Nacional Autonoma de México; Fernando Coronil, antropólogo venezuelano da University of New York, EUA; Immanuel Wallerstein, sociólogo da Yale University, EUA; Nelson Maldonado-Torres, filósofo porto-riquenho da University of California, Berkeley, EUA; Ramón Grosfoguel, sociólogo porto-riquenho da University of California, Berkeley, EUA; Santiago Castro-Gómez, filosofia da Pontificia Universidad Javeriana, Colômbia; Walter Mignolo, semiótico argentino da Duke University, EUA; Zulma Palermo, semiótica Universidad Nacional de Salta, Argentina.

> A primeira descolonialização (iniciada no século XIX pelas colônias espanholas e seguida no século XX pelas colônias inglesa e francesa) foi incompleta, pois se limitou à independência político-legal das periferias. Em vez disso, a segunda descolonialização – à qual aludimos à categoria de decolonialidade – terá de abordar a heterarquia das múltiplas relações raciais, étnicas, sexuais, epistêmicas, econômicas e de gênero que a primeira descolonialização deixou intacta. Como resultado, o mundo do início do século XXI precisa de uma decolonialidade que complemente a descolonização realizada nos séculos XIX e XX. Ao contrário dessa descolonialização, a decolonialidade é um processo de ressignificação a longo prazo, que não pode ser reduzido a um evento político-jurídico (CASTRO-GÓMEZ; GROSFOGUEL, 2007, p. 17).

O programa de investigação M/C foi se estruturando ao longo de vários seminários, eventos, diálogos paralelos e publicações, partilhando noções, raciocínios, vocábulos, conceitos complexos que lhe conferiram uma identidade e uma terminologia própria, definindo uma série de problemáticas e de pautas de trabalho que adquiriram certa visibilidade em diversos cenários, configurando um projeto intelectual como também político, que foi chamado de "projeto decolonial".

Os eixos cardeais que, nos permitiram adentrar o *mare magnum* das produções desse projeto, podem ser assim delineados.

a) A colonialidade distinta do colonialismo e intrínseca à modernidade. A noção de *colonialidade* foi introduzida pelo sociólogo peruano Aníbal Quijano (1930-1918) em um artigo enxuto e denso de 1992, com o título *Colonialidad y Modernidad-Racionalidad.* Nesse ensaio, o sociólogo peruano afirma que "apesar do fato de o colonialismo político ter sido eliminado, a relação entre a cultura europeia, também chamada de 'ocidental' e as demais, continua sendo uma relação de dominação colonial". Não se trataria, portanto, de uma simples subordinação das outras culturas à cultura europeia, mas de uma autêntica colonização do imaginário dos dominados: "Ou seja, atua dentro desse imaginário. Em uma medida, faz parte disso" (QUIJANO, 1992, p. 12).

A colonialidade consiste em uma estrutura complexa de relações de poder centro-periferia em escala mundial, que tocam não apenas a ordem econômica, mas também a política, a natureza, o gênero, a sexualidade, a subjetividade e o conhecimento (cf. MIGNOLO, 2010, p. 12). Para os teóricos decoloniais, principalmente a categoria *raça* se torna o princípio organizador da colonialidade em função da lógica de acumulação de capital, da economia política e da divisão internacional do trabalho do sistema capitalista mundial (cf. GROSFOGUEL, 2013, p. 43).

Dessa maneira, entre colonialismo e colonialidade há também uma *continuidade*, no sentido que essas estruturas, geradas a partir do século XVI, continuam exercendo um papel fundamental no presente do capitalismo global. A colonialidade figura como inerente e imanente à modernidade, não como simples contingência histórica e menos ainda como "desvio" do projeto emancipador moderno. Pelo contrário, a colonialidade é a exterioridade constitutiva e não derivada da modernidade.

Não há modernidade (colonização do tempo) sem colonialidade (colonização do espaço). Não há o moderno sem o colonial: não pode existir uma dimensão sem a outra. Estamos diante de uma totalidade espaço-temporal segundo a qual todas as civilizações não europeias são geograficamente "periferia" em relação a um "centro" da história mundial. Ao definir um tempo e um espaço com seus nomes, ao traçar umas metas na história e uns contornos nos mapas, define-se quem está dentro e quem está fora, quem é civilizado e quem é selvagem, quem somos nós e quem são os outros.

b) Crítica aos discursos eurocentrados e intramodernos sobre a modernidade. Do profundo e fundamental vínculo entre modernidade e colonialidade, surge o questionamento sobre a real natureza da modernidade, bem como a perspectiva filosófica e sociológica a partir da qual se enxerga o mundo moderno ocidental e seu processo de globalização. As narrativas que circulam sobre a modernidade são resultados de enfoques autorreferenciais e euro-centrados que afirmam, substancialmente, que a modernidade pode ser explicada por referência a fatores históricos (Revolução Francesa e Revolução Industrial), sociológicos (surgimento dos Estados-nação), culturais (racionalização) e filosóficos (emancipação do indivíduo), intrínsecos à Europa.

Segundo essa visão, a modernidade se originaria substancialmente no Velho Continente e dali se difundiria para o mundo inteiro, sem contar que ele próprio é resultante de um sistema geopolítico de relações de domínio. Sem as colônias a modernidade não teria existido, não apenas pelos aportes vitais das *commodities*, particularmente o açúcar, o chá, o cacau, o tabaco etc., mas também porque por causa da introdução desses recursos, houve uma mudança de hábitos alimentares da população europeia que possibilitou e alavancou o desenvolvimento capitalista moderno. Da mesma forma, a produção em grande escala de produtos agrícolas constituiu uma forma precursora de organização capitalista em território colonial, quase como um laboratório, antes que esse processo começasse na própria Inglaterra (cf. WALLERSTEIN, 1990[1974]).

Já Enrique Dussel critica o *mito* da modernidade do qual se origina um *rito* sacrificial. Com efeito, por um lado a modernidade se autodefine como emancipação pela razão, por outro, externa uma práxis irracional contra a outra cultura rotulada como não moderna, inferior, rude, bárbara, sempre sujeita a uma "imaturidade" culpável (cf. HINKELAMMERT, 2006). Ao atribuir uma culpa à pretensa bestialidade dos nativos das colônias, a modernidade justifica sua agressão, muitas vezes como um *a priori* para criar as condições para um "diálogo": a guerra, então, seria justa e necessária para iniciar uma argumentação e um processo de civilizatório com essas populações "atrasadas" (cf. DUSSEL, 1993).

c) Pensar em termos de sistema-mundo. A partir destas considerações, a perspectiva analítica e geopolítica adotada pelo programa de investigação M/C não é a nação, o país ou o continente, e sim o conceito do *sistema-mundo* moderno cunhado pelo sociólogo americano Immanuel Wallerstein (1930-2019) para descrever a configuração da modernidade como uma "economia-mundo" capitalista. Em seu primeiro e seminal volume da obra monumental, esse sociólogo norte-americano afirma que esse *sistema-mundo* nasceu no século XVI com a "descoberta" de um "Novo Mundo".

Para Wallerstein, o *sistema-mundo* moderno é não consequência de uma história linear que se desenvolveu de forma *natural*, mas do resultado de múltiplas e complexas interações de um conjunto de fenômenos relacionados entre si, particularmente: o surgimento do capitalismo como sistema econômico; a evolução da ciência e da tecnologia, fruto do intercâmbio com outras civilizações; a secularização da vida social, pela importância que a racionalização adquiriu nas diversas esferas da vida; a formação dos estados-nação, inclusive de estados dependentes das metrópoles (as colônias); o universalismo, como princípio de partilha de visões, conhecimentos e valores entre povos e pessoas, mas que historicamente tomou a forma de imposição por parte da modernidade e de sua retórica salvacionista (cf. MIGNOLO, 2009, p. 43).

Dessa maneira, a articulação desse sistema mundial não gerou apenas um processo de "acumulação original", mas também a formação de uma primeira cultura ou estrutura simbólica mundial que sancionaria a classificação da população com base em um critério étnico-racial e a hegemonia de uma racionalidade que afirmava a superioridade do homem europeu. Influenciada pela teoria da dependência latino-americana, a obra de Wallerstein negava aos estados nacionais o estatuto de sociedades relativamente autônomas, "pois, eles foram e são, em primeiro lugar, estruturas criadas por processos de escalas mundiais e moldadas como uma reação a elas" (WALLESTEIN, 2003, p. 85).

d) Consolidar um projeto decolonial. A crítica epistémica do programa de investigação M/C não somente busca problematizar a modernidade, suas narrativas e suas estruturas de poder, mas aponta também a um projeto ético e político decolonial, que tende a visibilizar a multiplicidade de conhecimentos, formas de ser e aspirações dos povos: uma *pluriversalidade* no lugar de uma *universalidade*.

Esse deslocamento na maneira de compreender a modernidade procura resgatar não apenas as *diferenças culturais*, mas também as *diferenças coloniais* negadas pela colonialidade do poder a partir do século XVI (cf. MIGNOLO, 2003, p. 27):

> O imaginário do mundo moderno/colonial surgiu da complexa articulação de forças, de vozes ouvidas ou silenciadas, de memórias compactas ou fraturadas, de histórias contadas de um lado que suprimiram outras memórias e histórias contadas, e contadas com dupla consciência: isso gera a diferença colonial (MIGNOLO, 2000, p. 63).

Daí que não somente a colonialidade, mas também a *decolonialidade* é constitutiva da modernidade:

> se a colonialidade é constitutiva da modernidade, uma vez que a retórica salvacionista da modernidade já pressupõe a lógica opressiva e condenatória da colonialidade (daí os damnés de Fanon), essa lógica opressiva produz uma energia de descontentamento, desconfiança e desapego entre aqueles que reagem à violência imperial. Essa energia se traduz em projetos descoloniais que, em última instância, também são constitutivos da modernidade (MIGNOLO, 2007, p. 26).

Assim sendo, o colonialismo deu origem a rupturas e descontinuidades que surgiram da tirania linear do progresso ocidental, e que configuraram uma nova prática epistêmica produzida pelos sujeitos à margem do regime estabelecido. Trata-se de um pensamento crítico plural assentado sobre as histórias marcadas pela violência colonial, que resgata o potencial da alteridade negada e que aponta para a *diversidade* como projeto universal. Essa abordagem não quer fazer da diferença colonial em um "objeto de estudo", e sim um *pensar* a partir da dor da diferença colonial, revelando uma descontinuidade na história da modernidade e introduzindo uma perspectiva oposta, por parte de quem acredita que "a colonialidade originou olhares de raiva, necessidade de libertação, reação à arrogância e cegueira, tanto pela crueldade de alguns quanto pela bondade de outros" (MIGNOLO, 2003, p. 32).

O tratado sobre a colonialidade

O pensamento decolonial se configura ainda como uma obra coletiva em construção, um canteiro aberto a novas e diversas contribuições, que afunda suas raízes na tradição crítica e anticolonial latino-americana e que agrupa produções heterogêneas de diversos autores em um âmbito interdisciplinar.

Elemento de gravitação e de agregação de todo o programa é a categoria da *colonialidade*, que se constitui antes de tudo como *colonialidade do poder* e se desdobra em seguida em *colonialidade do saber* e *colonialidade do ser*, formando assim uma "estrutura triangular" (CASTRO-GÓMES, 2007, p. 79), a expressar principalmente a dimensão política, epistemológica e ontológica do objeto em questão. Desta análise se desprendem caminhos de *decolonialidade* como perspectivas e horizontes utópicos de superação e de libertação de todo poder estruturado em torno da desigualdade, da discriminação, da exploração e da dominação (QUIJANO, 1992).

a) A colonialidade do poder. Um dos temas fundamentais amplamente utilizado pelo Grupo M/C, quase como uma referência obrigatória, é o conceito de *colonialidade do poder*, elaborado por Aníbal Quijano, que associa a dominação colonial política e econômica com a colonização do conhecimento e do imaginário: o controle da economia e da autoridade dependem das bases nas quais se assenta não apenas o conhecimento, mas a própria maneira de produzir conhecimento.

Esse processo implica, em primeiro lugar, a repressão dos padrões de significação das culturas locais, para impor outros padrões de maneira mistificada, seletiva e sedutora, para que os dominados, por sua vez, possam ter acesso às respectivas esferas de poder. Desta maneira, a europeização cultural se converte em uma aspiração política de participar do poder colonial, e mais do que isso, em uma *interioridade estruturante* da própria subjetividade (cf. RESTREPO; ROJAS, 2010, p. 95).

Em um segundo momento, Quijano avança outra argumentação sobre a colonialidade do poder, passando da dominação através da hierarquização natural das culturas à dominação mediante a hierarquização natural das raças. O elemento 'raça' torna-se a base sobre a qual se estabelece o padrão de dominação entre colonizadores e colonizados. Neste sentido a colonialidade é mais profunda e duradoura do colonialismo, porque esse último não implica necessariamente relações raciais de poder, entretanto que a colonialidade as postula. A colonialidade do poder se configura assim como uma ideologia racial apta a manter certa estabilidade entre as transições históricas de modelos e sistemas de dominação, produzindo uma racionalidade que se estabelece como única, válida, universal e superior a todas as outras.

Essa estrutura de poder se articula como uma rede de relações sociais de exploração/dominação/conflito articuladas em função da disputa pelo controle de cinco âmbitos da existência social: (1) a economia e o trabalho; (2) a natureza e seus recursos; (3) a sexualidade e a reprodução; (4) a subjetividade e o conhecimento; (5) a autoridade e a coerção.

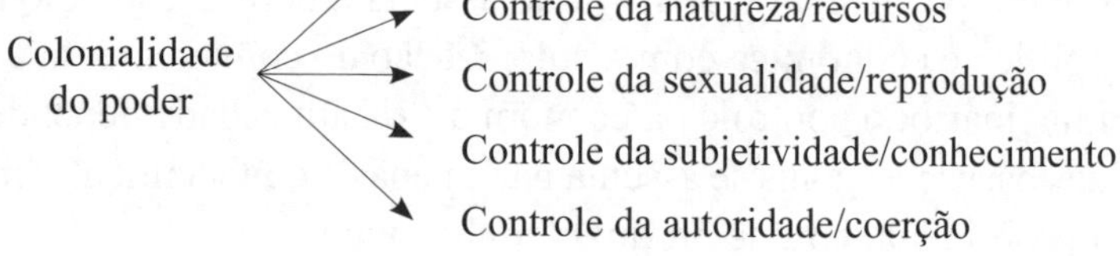

Contudo, um padrão de poder não se configura como uma totalidade absoluta constituída por elementos homogêneos que mantêm relações contínuas, lineares e unidirecionais. Ao contrário, um padrão de poder é uma articulação *heterogênea histórico-estrutural* composta por elementos que têm descontinuidade, incoerência e conflitualidade entre si.

Portanto, o poder se estrutura atuando de maneira dissimulada nas relações concretas de uma formação social, através de elementos que exercem o papel de articuladores do conjunto, que se impõem sobre os outros e dispõem sob o seu controle os diversos âmbitos da existência social. Assim sendo, as estruturas de poder não representam uma totalidade em si, mas se identificam com a particularidade dos sujeitos dominantes, enquanto a heterogeneidade histórico-estrutural postula também a possibilidade de uma transformação social a partir do conflito que pode surgir de cada uma das partes em relação ao conjunto.

b) A colonialidade do saber. Pretende ressaltar a dimensão epistémica da colonialidade do poder. Apesar de não ter sido objeto de uma elaboração cuidadosa, esse conceito apresenta uma série de elementos que remetem à subalternização de uma multiplicidade de conhecimentos que não respondem às modalidades de produção do conhecimento ocidental, associadas à racionalidade moderna e à ciência convencional.

A objetividade e a neutralidade pressupunham um conhecimento sem sujeito, ou melhor, um conhecimento onde o sujeito tomava distância de si para não contaminar o objeto com sua subjetividade. Esse distanciamento era necessário para gerar um conhecimento válido e universal. Esse "não se situar" neutro, para produzir um conhecimento universal, foi chamado por Santiago Castro-Gómez de *hybris do ponto zero*:

> Como Deus, o observador observa o mundo a partir de uma plataforma de observação inobservada, a fim de gerar uma observação verdadeira e além da dúvida. Como o Deus da metáfora, a ciência ocidental moderna está situada fora do mundo (no ponto zero) para observar o mundo, mas, diferentemente de Deus, não consegue ter uma visão orgânica sobre o mundo, mas apenas uma observação analítica (CASTRO-GÓMEZ, 2006, p. 83).

Com essa noção se questiona a pretensão do conhecimento não situado, de-historicizado, de-corporalizado do paradigma epistêmico ocidental constitutivo da colonialidade. A ideia que pode existir a produção e a apropriação de um conhecimento deste tipo é o que Ramón Grosfoguel denomina de "ego-política do conhecimento" da filosofia ocidental que "sempre privilegiou o mito do 'ego' não situado. A localização epistêmica étnica/racial/gênero/sexual e o sujeito que fala estão sempre desconectados" (GROSFOGUEL, 2006, p. 20). O conhecimento sempre se encarna em corpos concretos e em lugares específicos no marco do sistema-mundo: há em jogo, portanto, uma *corpo-política* e uma *geo-política* do conhecimento. Todos os conhecimentos estão situados, de maneira que a neutralidade e a objetividade descorporalizadas e deslocalizadas constituem um mito ocidental.

Essa epistemologia, com pretensões universalistas, anda também de mãos dadas com a questão linguística, na maneira de privilegiar determinados idiomas na comunicação e na produção do conhecimento teórico, subalternizando outros como apenas produtores de folclore, mas não de pensamento. A hierarquia linguística, ou "linguocentrismo", na qual o eurocentrismo foi fundamentado, controla o conhecimento não somente pelo domínio das próprias línguas, mas também pelas categorias nas quais é baseada a estrutura do pensamento. De modo que todas as cosmologias de todos os conhecimentos do mundo, em suas diferentes linguagens e epistemologias, tiveram de se rearticular em relação aos modos ocidentais de conhecer, de ser e de se expressar.

Walter Mignolo afirma que a racionalidade moderna foi construída em torno de duas línguas e pensamentos clássicos, grego e latim, e de seis línguas e pensamentos europeus e imperiais: italiano, castelhano, português, francês, alemão e inglês. Dessas seis línguas modernas, as três primeiras correspondem à primeira modernidade (Renascimento), e as outras três correspondem à segunda modernidade (Ilustração). O poder hegemônico desses idiomas nunca se configurou pelo número de falantes – afinal, o mandarim é ainda a língua mais falada do mundo –, e sim pelo domínio do saber, pela produção intelectual e pelas culturas do conhecimento acadêmico, expressão de um saber universal e superior. Desta maneira, o potencial epistêmico de outros saberes foi silenciado ou, no melhor dos casos, foi reputado como "conhecimento local", objeto somente de curiosidade e de pesquisa.

c) A colonialidade do ser. Diz respeito à dimensão ontológica da colonialidade do poder, ou seja, às consequências sobre a experiência vivida pelos seres humanos na relação colonial, seu impacto na existência tanto do dominado como do dominador.

A subjetividade moderna fundamenta sua epistemologia no ceticismo metodológico cartesiano, que tem como pressuposto o dualismo da *res cogitans* (o pensante) e *res extensa* (o objeto), por sua vez derivado da autoconsciência do *cogito ergo sum*. Segundo Enrique Dussel, esse *ego cogito* do pensador do século XVII é antecipado e vinculado ao *ego conquiro* do conquistador do século XVI: o primeiro é a expressão ontológica do segundo (1993, p. 53). A certeza do sujeito prático em sua tarefa de apropriação de territórios precedeu a certeza do sujeito pensante na apropriação do ser e do conhecimento, assim como a diferença colonial entre o *ego* conquistador e o *ego* conquistado não somente se antepus, e sim inspirou o maniqueismo da *res cogitans* (mente) e *res extensa* (corpo).

Sob essa ótica, ao perguntar se o outro "é realmente humano", se "é realmente racional", se "tem alma", se "tem direitos", o ceticismo metodológico cartesiano se torna fundamentalmente misantrópico e revela, inequivocavelmente, o fundamento da racionalidade instrumental moderna do *ego conquiro*:

> Por baixo do "eu penso" poderíamos ler "outros não pensam", e no interior de "sou" podemos colocar a justificação filosófica para a ideia de que "outros não são" ou estão desprovidos de ser. De esta forma descobrimos uma complexidade não reconhecida da formulação cartesiana: do "eu penso, logo sou" somos levados à noção mais complexa, porém mais precisa, histórica e filosoficamente: "Eu penso (outros não pensam ou não pensam adequadamente), logo sou (outros não são, estão desprovidos de ser, não devem existir ou são dispensáveis)" (MALDONADO-TORRES, 2007, p. 144).

Dessa maneira, desdobra-se não somente uma diferença colonial, mas também uma *diferença ontológica* entre o *ser* e o que está *abaixo do ser*: a colonialidade do ser refere-se à violação do sentido de alteridade humana, ao ponto em que o *alter-ego* é transformado em um *sub-alter*, em um ser menor, em um ser que "não-está-ai", contrariando o conceito heideggeriano do *Dasein*, o "ser-ai". Essa *diferença ontológica*, na ordem do ser, é o resultado de uma naturalização que transforma o outro não somente em um não sujeito concreto, mas também em uma essência transcendental.

A ideia da colonialidade do ser encontra um precioso aliado em Emmanuel Levinas, para o qual o problema da filosofia ocidental não está no discurso sobre o *ser*, mas no esquecimento do *Outro*: na ontologia não há espaço para se pensar o *Outro* enquanto *Outro*, não há espaço para pensar o diferente. A ontologia é uma filosofia do poder, cúmplice da violência, da desumanização e do sofrimento, que não questiona o *Mesmo*. Para o filósofo lituano, o ponto de partida da filosofia não deve ser a ontologia e sim a ética, que se assenta no reconhecimento da relação entre *eu* e o *Outro*, preservando tanto a unicidade do *eu* como o respeito pela alteridade de outrem.

A aspiração fundamental de um processo descolonizador consiste na restauração da ordem humana fazendo desaparecer a lógica da subalternidade e dando mais importância aos traços da diferença trans-ontológica na sociedade. Trata-se de promover um amor e uma justiça des-coloniais que abrem espaço para uma opção preferencial pelos subalternos, e buscam resgatar um mundo paradoxal de dar e receber, através de uma política de receptividade generosa, inspirada pelos imperativos da descolonização do imaginário e do mundo social e geopolítico construídos a partir da naturalização da não ética da guerra.

Sinopse para um discurso crítico sobre a missão cristã

De toda essa breve explanação sobre o tratado decolonial, podemos evidenciar alguns elementos-chave que podem se tornar ferramentas úteis para um discurso crítico sobre a missão cristã. A teologia não constrói um saber totalizante: ela é chamada a dialogar constantemente com outras disciplinas, respeitando a autonomia de cada uma, não apenas pelo esforço de elaborar um discurso significativo, mas para avaliar o sentido de seu próprio discurso. Particularmente, a *mediação sócio-analítica* foi um expediente bastante empregado na América Latina por uma teologia voltada à praxe eclesial, com o objetivo de entender em profundidade a conjuntura histórica e a condição humana junto à qual pode interagir:

> A teologia apropria-se dos resultados teóricos interpretativos das ciências sociais em relação à realidade humana histórica. Chama-se mediação porque mediatiza, isto é, faz a função de ponte teórica entre a realidade humana histórica e o conhecimento propriamente teológico, proporcionando a este uma elaboração científica da realidade humana histórica. É uma mediação analítica porque apreende os dados, não de maneira intuitiva e experiencial, mas pela via da análise, da distinção entre os elementos constitutivos do real e suas relações. Diz-se sócio-analítica porque o real é estudado na sua condição de estrutura social, situado dentro da sociedade e sujeito às leis que regem o universo das formações sociais, quer sejam econômicas, políticas ou culturais (LIBÂNIO, 1987, p. 178).

Diante da produção do programa investigativo M/C, a teologia e a prática missionária são provocadas a buscar possíveis caminhos decoloniais, sobretudo, em decorrência de seu vínculo histórico com a colonização e de suas implicações constitutivas com a colonialidade. Prospecta-se uma empresa bastante árdua, ou quiçá surpreendente. O pensamento decolonial nos oferece algumas coordenadas para tecer um discurso: a irrupção "do outro" como sujeito, o processo de desprendimento e abertura, o contexto geopolítico da fronteira e os projetos decoloniais.

a) A irrupção do "outro" como sujeito. Por si, o "outro", como categoria, é uma invenção eurocêntrica, uma entidade criada pelo "mesmo" em um processo de construção de si mesmo (cf. MIGNOLO, 2015, p. 30). Não existe ontologicamente o "outro": esse é simplesmente o resultado de um enunciado, o mesmo enunciado que apelidou de "índios" os nativos das terras recém-conquistadas. O "outro", então, era tudo o que não era "eu": inventou-se um *externo* (exterioridade) no processo de criar um *interno*, com o objetivo de salvaguardar o espaço seguro onde pudesse viver o enunciante.

A *diferença colonial* é produto do estabelecimento desta *exterioridade*. Mignolo chama os polos desta criação de *humanitas* (o sujeito moderno) e de *anthropos* (a alteridade colonial). A irrupção dos "outros" acontece quando o *anthropos desobedece* aos padrões de poder construídos artificialmente para ele, denuncia a suposta ontologia de tais categorias, recusa-se a reivindicar cidadania na *humanitas*, reconstrói a própria dignidade a partir do *anthropos*, ou seja, do "bárbaro", do "pobre", do "oprimido", afirmando a própria identidade fronteiriça e esvaziando a pretensão de totalidade da *humanitas*.

Essa "colonialidade" da irrupção dos "outros" parte de cotidianos de sofrimentos, de injustiças, de desumanização, de negação, de experiência encarnada, histórica, contextual, carregada de vozes vivas, de memórias vividas. Na classificação *humanitas/anthropos*, a modernidade aparece claramente como a negação da relacionalidade ao impor uma representação unívoca do real, circunscrita no tempo e no espaço. O pensamento decolonial, ao contrário, tende a promover uma ampla, profunda e plural relacionalidade temporal e espacial (cf. MELKEN, 2014), escutando vozes, ouvindo histórias, resgatando dignidade e esperança, promovendo re-existências, desmascarando o mito sacrificial da modernidade, ressuscitando a *diferença colonial* como elemento essencial para um mundo onde possam caber muitos mundos.

b) O processo de desprendimento e abertura. Para que essa diferença possa emergir para o debate epistêmico, o desprendimento é o primeiro passo rumo a um pensamento decolonial. Consiste em "desaprender", abandonar as formas de conhecer que configuram subjetividades nos moldes da retórica da superioridade ocidental, desapegar das ficções de verdade e de estética naturalizadas pela matriz colonial do poder. O segundo passo é a abertura a um pensamento-outro, "sentar-se em círculo para aprender" (*Upanishad*) a partir de outras racionalidades, de outras cosmovisões e de outras maneiras de ser, de saber e de fazer. Portanto, a opção teórica decolonial propõe uma dupla operação: por um lado, *despir-se* das arrogâncias ocidentais que colonizaram o conhecimento; por outro, *dispor-se* a uma nova maneira de pensar a partir de uma pluralidade de pontos de enunciação geo-historicamente situados. Desta forma, teremos uma descolonização epistemológica como reação ao pensamento ocidental e sua reivindicação universal, *através* de uma valorização de conhecimentos rechaçados pela hegemonia eurocêntrica. Em suma, trata-se de *aprender a desaprender* (desprendimento) para *reaprender de outra maneira* (abertura).

O que exatamente se pretende com esta manifestação não é promover uma nova abstração ou uma nova formulação de um conhecimento teórico, um falar *sobre* o "outro", mas a um *sentipensar*, um *corazonar*, um tocar com as mãos "as pegadas da ferida colonial de onde se tece o pensamento descolonial", um experienciar vivencialmente caminhos passando por "portas que conduzem a outro tipo de verdades, cujo fundamento não é o ser, mas a colonialidade do ser" (MIGNOLO, 2007, p. 29).

Os teóricos decoloniais acusam o cristianismo de mudar o conteúdo, mas não os termos do discurso: assim a "cristianização" no século XVI se tornava "civilização" no século XIX, "desenvolvimento", "libertação", "evangelização" no século XX. Sempre despontava, de alguma maneira, uma direção hegemônica: dos missionários para os pagãos, bárbaros, atrasados, pobres, afastados. *Desprendimento e abertura* significariam aqui se despir de uma postura docente para enveredar decididamente pelo caminho da *reciprocidade simétrica* intercultural, inter-religiosa, inter-espiritual.

c) O contexto geopolítico da fronteira. Pensar a partir da alteridade aponta para uma subversão epistêmica e política que só é possível se nos *situamos* geográfica e geopoliticamente na margem ou na exterioridade da hegemonia de um pensamento eurocêntrico. A fronteira, como anota Carlos Alberto Motta Cunha (2018), é um campo semântico interessante e também, por sua natureza, ambivalente. É feita ao mesmo tempo para separar e juntar, confrontar e encontrar, dividir e unificar, marginalizar e resgatar, delimitar e transgredir, identificar e diferenciar: "é nas fronteiras que se mede toda a terrível inquietude que atravessa a história da humanidade" (CASSANO, 1996, p. 53).

A fronteira é o lugar da *diferença colonial* marcada pelo sofrimento e pela negação, onde a humanidade é despedaçada e exterminada como em um campo de batalha, que se situa, geralmente, nas divisas entre um território e outro. Na fronteira, neste caso, a resistência de outros mundos, outros saberes, outras maneiras de ser, colide com a modernidade invasora e a retórica de suas promessas.

Habitar a fronteira é uma opção ética e uma práxis histórica concreta que permite transpor os limites da totalidade propondo uma superação e uma abertura para uma novidade subversiva. Fazer da fronteira um lugar onde morar, propicia uma desobediência epistêmica e política que valoriza a "consciência dupla"[2] e mestiça dos sujeitos que aí se encontram marcados pela ferida colonial. Gloria Anzaldúa (1942-2004) define a fronteira como uma *ferida aberta*, uma lesão que não tem cura, um corte que não dá para costurar, um tecido vivo dilacerado do qual jorra o sangue da vida: sabedorias, misturas religiosas

[2] O conceito de "consciência dupla" (double consciousness), como já dissemos, foi forjado pelo intelectual afro-americano W.E.B. Du Bois em sua obra The Souls of Black Folk (1903). Trata-se da identidade colonial formatada contemporaneamente segundo os parâmetros de duas culturas em conflito entre si, a "negra" e a "americana". "A história do negro americano é a história deste conflito, esse desejo de atingir a dignidade autoconsciente, de fundir seu eu duplo em um eu melhor e mais verdadeiro. Nesta fusão, ele deseja que nenhum dos "eus" mais antigos se perca. Ele não quer africanizar a América, pois a América tem muito a ensinar ao mundo e à África. Ele não quer alvejar sua alma negra em um dilúvio de americanismo branco, pois ele sabe que o sangue negro tem uma mensagem para o mundo. Ele simplesmente deseja tornar possível que um homem seja negro e americano, sem ser amaldiçoado e cuspido por seus companheiros, sem ter as portas da oportunidade fechadas na sua cara de maneira grosseira" (DU BOIS, 2007, p. 9).

e multiculturais, novas subjetividades, novas relações, novas cosmovisões. Deixar sangrar é perpetuar a multiplicidade do ser. A imagem da fronteira como ferida aberta diz sobre a impossibilidade de ocultá-la.

Permanece ainda hoje para qualquer igreja local a tarefa missionária de redesenhar suas fronteiras geopolíticas onde situar a própria ação, tendo presente o entrelaçamento entre as diversas dimensões territoriais (Sul global), sociais (periferia) e culturais (saberes outros). Trata-se de promover um *des-centramento* de si, que quase sempre envolve um des-locamento, um des-armamento e um des-prendimento.

d) Os projetos decoloniais globais. Os caminhos abertos pela irrupção do "outro", pelo desprendimento, pela desobediência política e epistêmica, pelo habitar a fronteira, apontam para um "ter de viver em um mundo que é como é, trabalhar não para mudar o mundo, mas para construir um outro a partir das ruínas do mundo em que vivemos" (MIGNOLO, 2015, p. 393). O horizonte descrito pelos projetos decoloniais é sensivelmente diferente da otimista perspectiva do progresso e do desenvolvimento, como também dos bons propósitos voluntaristas eurocentrados de um mundo melhor.

O termo apocalíptico de "ruínas" não quer indicar aqui o aniquilamento de uma civilização, ou o desejo de seu malogrado fim, mas a redução crítica da glória do Ocidente, o desmantelamento da soberba dos arcos do triunfo, a "provincialização" da Europa (CHAKRABARTY, 2004), mesmo que certas categorias, certos idiomas, certas ferramentas conceituais e semânticas possam servir ainda, de alguma forma, como mediação (eis as ruínas).

Os projetos decoloniais identificam-se com aquilo que Boaventura de Sousa Santos chama de *sociologias das emergências*, as lutas populares e subalternas que buscam potencialidades e possibilidades para uma transformação social anticapitalista, anticolonialista e antipatriarcal, entretanto que as *sociologias das ausências* têm a tarefa de tornar possível a passagem da vitimização à resistência como momento de denúncia da realidade de exclusão (2019, p. 53). A epistemologia zulu do *ubuntu* ("eu sou porque tu és"), os conceitos quéchua de *kawsay* ("bem viver") e de *Pachamama* ("Mãe Terra"), as noções hindu e gandhianas de *swaraj* ("autodeterminação") e de *ahimsa* ("não violência"), são exemplos que "devem ser vistos como um contributo para a renovação e para a diversificação das narrativas e dos repertórios das utopias concretas de um outro mundo possível" (p. 33): histórias locais com vocação necessariamente global (uma vez que a colonialidade do poder atinge dimensões planetárias), articuladas pela ecologia dos saberes e pela tradução intercultural em um movimento cosmopolita (p. 59), pluriverso e subversivo, decolonizado epistemologicamente e desmercantilizado politicamente.

Conclusão

Em resumo, a reflexão sobre os aportes do pensamento decolonial oferecem para uma teologia da missão intuições e elementos analíticos críticos extremamente interessantes, que delineiam quatro âmbitos de indagação interligados entre eles: *sujeitos, processos, contextos, projetos*. Trata-se de dimensões fundamentais que determinam a natureza da missão cristã, sua razão de ser, seu *sentipensar* junto ao outro, a relevância de sua ação no mundo e o mérito de seus propósitos.

Enveredar por este caminho decolonial implica para a prática e a teologia da missão uma radical mudança de orientação e motivação: de uma concepção de missão como "expansão", para uma compreensão de missão como um genuíno e profundo "encontro" com os outros (BEVANS; SCHROEDER, 2016, p. 41). Ao contrário de visualizar as pessoas a serem catequizadas como "objetos" ou "alvos" de conversão, agora o desafio titânico é de reconhecê-las simetricamente e dignamente como interlocutoras, portadoras também de uma mensagem de salvação.

Contudo, seria teologicamente possível mudar os termos da única salvação em Jesus Cristo e da necessidade da Igreja para esta salvação (RMi 9), promovendo um caminho de reciprocidade dialógica e de descolonização junto às diversas culturas, religiões e lutas sociais? Qual o sentido do Evangelho e da própria Igreja se colocarmos em discussão sua pretensão (imperial?) de ser "luz dos povos" (LG 1) e "sacramento universal de salvação" (LG 48), convicções (de superioridade?) muitas vezes camufladas por uma dissimulada postura serviçal e condescendente? É possível propor um caminho decolonial para a missão cristã sem abdicar de sua proposta fundamental (e proselitista?) de "fazer discípulas todas as nações" (Mt 28,19): em que sentido, em que condições, com quais implicações e por quais caminhos?

Talvez caiba revisitar os pressupostos epistêmicos da própria teologia cristã para buscar uma saída deste imbróglio. Isso implica, com certeza, aprimorar uma atitude crítica com relação aos condicionamentos históricos e socioculturais para identificar os contornos da colonialidade do poder no discurso teológico, bem como suas possíveis e eventuais perspectivas decoloniais, reconhecendo a precariedade e a incerteza de certos elementos da autoconsciência eclesial, e elaborando novas hermenêuticas da prática missionária. Envolver-se na perspectiva intercultural e pluriversal significa assumir riscos e abrir-se para o inesperado. Isso não quer dizer optar pelo relativismo, mas pela profunda humildade e pela necessária aprendizagem: "com a modéstia do provisório e do inacabado, é urgente aprender, talvez por muito tempo, a arte da pluralidade dos discursos e de sua polifonia" (ARNOLD, 2014, p. 43).

Referências Bibliográficas

ARNOLD, Simón Pedro. Descolonización e Interculturalidad. El punto de vista teológico. *Voices, Theological Journal of EATWOT.* v. XXXVII, n. 1, p. 29-43, jan./abr. 2014. Disponível em: <http://eatwot.net/VOICES/VOICES-2014-1.pdf>. Acesso em: 10 nov. 2017.

BALLESTRIN, Luciana Maria de Aragão. Modernidade/ Colonialidade sem "Imperialidade"? O Elo Perdido do Giro Decolonial. *DADOS – Revista de Ciências Sociais*, Rio de Janeiro, v. 60, n. 2, p. 505-540, 2017. Disponível em: <http://www. scielo.br/scielo.php?script=sci_abstract&pid=S0011-52582017000200505&lng=pt&nr m=iso&tlng=pt>. Acesso: 20 set. 2018.

________. América Latina e o giro decolonial. *Revista Brasileira de Ciência Política*, Brasília, n. 11, p. 89-117, Maio/ Ago. 2013. Disponível em: <http://www.scielo.br /pdf/rbcpol/ n11/04.pdf>. Acesso: 20 nov. 2017.

BEVANS, Stephen B.; SCHROEDER, Roger. *Diálogo profético.* Reflexões sobre a missão cristã hoje. São Paulo: Paulinas, 2016. 230 p.

CASSANO, Franco. *Il pensiero meridiano.* Bari: Laterza, 1996. 141 p.

CASTRO-GÓMEZ, Santiago; GROSFOGUEL, Ramón (orgs.). *El giro decolonial.* Reflexiones para una diversidad epitémica más allá del capitalismo global. Bogotá: Siglo del Hombre; Universidad Central; IESCO-UC; Pontifícia Universidad Javeriana; Instituto Pensar, 2007. 308 p.

CHAKRABARTY, Dipesh. *Provincializzare l'Europa.* Tradução Matteo Bortolini. Roma: Meltemi, 2004. 335 p.

CUNHA, Carlos Alberto Motta. Teologia decolonial e epistemologia do Sul. *Interações: Cultura e Comunidade*, Belo Horizonte, v. 13, n. 24, p. 306-333, ago./dez. 2018. Disponível em: <https://www.redalyc.org/articulo.oa?id=313058154006>. Acesso: 4 out. 2019.

DU BOIS, William Edward Burghardt. *The Souls of Black Folk.* New York: Oxford University Press, 2007. 223 p.

DUSSEL, Enrique. *1492 – O Encobrimento do outro.* A origem do "mito da modernidade". Tradução de Jaime A. Clasen. Petrópolis: Vozes, 1993. 196 p.

GROSFOGUEL, Ramón. Hay que tomarse en serio el pensamiento crítico de los colonizados en toda su complejidad. Entrevista a Luis Martínez Andrade. *Metapolítica*, Puebla, v. 17, n. 83, p. 38-47, out./dez. 2013. Disponível em: <http://www.boaventurade sousasantos.pt/media/Grosfoguel%20METAPOLITICA_831.pdf>. Acesso: 31 out. 2018.

________. La descolonización de la economía política y los estudios postcoloniales. Transmodernidad, pensamiento fronterizo y colonialidad global. *Tabula Rasa*, Bogotá, n. 4, p. 17-46, jan./jun. 2006. Disponível em: <http://www.redalyc.org/pdf/ 396/39600402.pdf>. Acesso: 19 out. 2018.

HINKELAMMERT, Franz. *El sujeto y la ley.* El retorno del sujeto reprimido. Caracas: El perro y la rana, 2006. 524 p.

LIBÂNIO, João Batista. *Teologia da Libertação*. Roteiro didático para um estudo. São Paulo: Loyola, 1987. 292 p.

MALDONADO-TORRES, Nelson. Sobre la colonialidad del ser: contribuiciones al desarrolho de un concepto. In: CASTRO-GÓMEZ, Santiago; GROSFOGUEL, Ramón (orgs.). *El giro decolonial.* Reflexiones para una diversidad epitémica más allá del capitalismo global. Bogotá: Siglo del Hombre; Universidad Central; IESCO-UC; Pontifícia Universidad Javeriana; Instituto Pensar, 2007. p. 127-167.

MELKEN, Rolando Vázquez. Colonialidad y relacionalidad. In: BORSANI, Eugenia; QUINTERO, Pablo (ed.). *Los desafíos decoloniales de nuestros días: pensar en colectivo.* Neuquén: Educo, 2014. p. 173-196.

MIGNOLO, Walter. *Habitar la frontera.* Sentir y pensar la descolonialidad (Antología, 1999-2014). Barcelona: CIDOB, 2015. 505 p.

________. *Desobediencia epistémica.* La retórica de la modernidad, lógica de la colonialidad y gramática de la descolonialidad. Buenos Aires: Ediciones del Signo, 2010. 126 p.

________. La colonialidad: a cara oculta de la modernidad. In: BREITWIESER, Sabine; KLINGER, Cornelia; MIGNOLO, Walter. *Modernologías.* Artistas contemporáneos instigam la modernidad y el modernismo. Barcelona: Museu d'Art Contemporani de Barcelona, 2009. p. 39-49.

MIGNOLO, Walter. El Pensamiento Decolonial: Desprendimiento y Apertura. Un manifesto. In: CASTRO-GÓMEZ, Santiago; GROSFOGUEL, Ramón (orgs.). *El giro decolonial*. Reflexiones para una diversidad epitémica más allá del capitalismo global. Bogotá: Siglo del Hombre; Universidad Central; IESCO-UC; Pontifícia Universidad Javeriana; Instituto Pensar, 2007. p. 25-46.

________. *Historias locales/diseños globales*. Colonialidad, conocimientos subalternos y pensamiento fronterizo. Tradução de Juan María Madariaga y Cristina Veja Solís. Madrid: Akal, 2003. 452 p.

________. La colonialidad a lo largo y a lo ancho: el hemisferio occidental en el horizonte colonial de la modernidad. In: LANDER, Edgardo (org.). *La colonialidad del saber: eurocentrismo y ciencias sociales*. Perspectivas latinoamericanas. Buenos Aires: CLACSO, 2000. p. 55-85.

MOTA NETO, João Colares da. *Educação popular e pensamento decolonial latino-americano em Paulo Freire e Orlando Fals Borda*. 2015. 368 f. Tese (Doutorado) – Universidade Federal do Pará, Instituto de Ciências da Educação, Programa de Pós-Graduação em Educação, Belém, 2015.

QUIJANO, Aníbal. Colonialidade do poder, eurocentrismo e América Latina. In: LANDER, Edgardo (org.). *La colonialidad del saber: eurocentrismo y ciencias sociales*. Perspectivas latinoamericanas. Buenos Aires: CLACSO, 2000a. p. 201-246.

________. Colonialidad del Poder y Clasificación Social. *Journal of World-Systems Research*, Baltimore, v. XI, n. 2, p. 342-386, 2000b. Disponível em: <https:// www.academia.edu/4279281/ ANIBAL_QUIJANO_-_COLONIALIDAD_DEL_ PODER_Y_ CLASIFICACION _SOCIAL>. Acesso: 5 dez. 2018.

________. Colonialidad y modernidad-racionalidad. *Perú Indígena*, Lima, v. 13, n. 29, p. 11-20, 1992. Disponível em: <https://www.scribd.com/document/ 322304876/ COLONIALI-

DAD-Y-MODERNIDAD-RACIONALIDAD-pdf>. Acesso: 9 set. 2018.

RESTREPO, Eduardo; ROJAS, Axel. *Inflexión decolonial: fuentes concepto y cuestionamentos*. Popayán: Universidad del Cauca, 2010. 234 p.

SOUSA SANTOS, Boaventura. *O fim do império cognitivo*. A afirmação das epistemologias do Sul. Belo Horizonte: Autêntica, 2019. 477 p.

WALLERSTEIN, Immanuel. *Impensar las ciencias sociales*. Límites de los paradigmas decimonónicos. Coleção El mundo del siglo XXI. México: Siglo Veintiuno, 2003. 309 p.

________. *O Sistema Mundial Moderno* [1974]. A Agricultura Capitalista e as Origens da Economia-Mundo Europeia no Século XVI. Porto: Afrontamento, 1990. v. 1. 404 p.

2

A MISSÃO *AD EXTRA*: SAIR DOS PRÓPRIOS ESQUEMAS CULTURAIS E RELIGIOSOS

Rafael Lopez Villasenor

Introdução

Este ensaio tem por finalidade refletir a teologia da missão, tendo como eixo central o *ad extra*, enquanto êxodo e saída, não apenas geográfica, mas também dos próprios esquemas de pensamento, em um processo de inculturação. Porém qual é o sentido da missão *ad extra* e *ad gentes* em um mundo globalizado? O que significa na atualidade sair além-fronteiras? Questões que nos levam a pensar que a missão mudou e que indagam a reflexão. É necessário repensar a teologia da missão. Neste sentido, o artigo desenvolve três pontos, primeiramente parte da reflexão da teologia da missão, ela vem de Deus, a origem é a própria Trindade. Em seguida, aborda-se a temática da missão *ad gentes* como diálogo cultural e religioso, saindo dos próprios esquemas culturais de pensamento, em um processo de inculturação. Enfim, a missão *ad extra* se vivencia como no êxodo em um processo de saída em direção aos povos e às culturas, como missão universal, privilegiando os lugares onde a vida está mais ameaçada.

O papa Francisco nos ensina que a missão é "sair em direção aos outros para chegar às periferias humanas, não significa correr pelo mundo sem direção nem sentido em defesa da vida, envolve a imagem de Deus" (EG 46). Sair de si mesmo para entrar na cultura e na casa do outro como hóspede, para os lugares onde a vida está ameaçada. A missão, porém, não envolve somente uma imagem abstrata de Deus, que se encarnou no mundo em Jesus de Nazaré, mas é concreta e histórica, que leva para novas relações de vida. A missão é relacional e multidimensional como as pessoas e os grupos sociais, por isso universal. De acordo com os interlocutores, ela necessita mudar o discurso, a metodologia, as prioridades. A prática missionária, além de ser universal e contextual, é específica dentro de uma cultura e de um povo.

Ao longo deste ensaio é apresentado a missão *ad extra* como eixo central do texto, porém o que entendemos por missão na atualidade? Será que ainda tem sentido falar da missão *ad extra* em um mundo globalizado? Qual é hoje o significado da missão *ad gentes*? Faz sentido a saída geográfica, quando não se é capaz de sair dos esquemas culturais e religiosos? Questões que indagam a reflexão da missiologia na atualidade. A reflexão apresenta três eixos, primeiro é sublinhada a teologia da missão como obra de Deus que antecede qualquer ação da Igreja, encontra-se presente e atuante nas culturas. Em seguida é abordada a temática da missão *ad gentes* como diálogo cultural e religioso saindo dos próprios esquemas culturais, religiosos e de pensamento, em um processo de inculturação. Enfim, a missão é êxodo e saída, mas não apenas geográfica, também dos próprios esquemas de pensamento no processo de inculturação sendo hóspede da casa do outro.

A origem da missão é o próprio Deus

A missão faz parte da história da Igreja, foi feita de acertos e erros, luzes e trevas. Para Paulo Suess (1995), "nas sandálias dos missionários há poeira e sangue. A inculturação bem-sucedida de ontem, hoje pode representar um peso morto", porque a missão se transforma. Olhando a missão a partir dos destinatários, nas palavras de dom Desmond Mpilo Tutu, bispo anglicano de Sud África e prêmio Nobel da Paz em 1984, a missão significou que "quando os missionários chegaram, eles tinham a Bíblia e nós tínhamos a terra. Pediram-nos para rezar e fechamos os olhos. Quando os abrimos de novo, nós tínhamos a Bíblia e eles a terra".

A Igreja, com seus acertos e apesar dos erros, tem como meta a construção do Reino de Deus, da justiça, solidariedade, misericórdia e paz. A Igreja não é fim a si mesma, mas está a serviço da missão e do Reino, do qual é princípio, sinal e instrumento (RM, 18). Portanto, todo o trabalho missionário é pelo Reino, por isso, para fazer acontecer o Reino, a Igreja se põe em estado permanentemente de missão. A missão da Igreja emerge da origem e estrutura trinitária com a finalidade de defender a plenitude da vida de cada pessoa, que ultrapassam todas as fronteiras geográficas, étnicas e culturais, isto é, a missão é universal. A vida é absoluta como é o próprio Deus, nesse sentido, "a teologia da missão é intimamente dependente de uma teologia da salvação" (GEFFRÉ, 2013, p. 304). Também a encíclica Redemptoris Missio (n. 18) expressa de forma clara que o Reino de Deus é uma realidade mais ampla que a Igreja.

A estrutura missionária da Igreja é trinitária, porque ela é "Povo de Deus", "Corpo do Senhor" e "Templo do Espírito Santo" (LG 17). Povo de Deus significa que é povo eleito por Deus. A eleição não constitui "exclusividade", mas "universalidade", porque a missão vem de Deus, pois Deus é amor, um amor que não se contém, que transborda, que se comunica, que sai de si já com a criação do mundo, com a história da salvação, para reintegrar as criaturas na vida plena do Reino. Esse transbordar histórico da Trindade Imanente foi chamado de Trindade histórico-salvífica, que configura a missão de Deus. Deus é missão, a missão existe com Deus (RASCHIETTI,

2011, p. 11-12). Entretanto, o Espírito Santo é o "protagonista da Missão" (RM 21). Jesus diz a seus discípulos: "Recebereis a força do Espírito Santo e sereis minhas testemunhas até os confins do mundo" (At 1,8). O Espírito na Igreja anima a missionariedade e faz os apóstolos decididos e valentes como Pedro (cf. At 4,13) e Paulo (cf. At 13,9), indica os lugares que devem ser evangelizados e escolhe aqueles que devem fazê-lo (cf. At 13,2). Portanto, a missão é obra de Deus, antecede qualquer ação da Igreja que se encontra presente e atuante nas culturas e entre os povos (cf. AG 9).

A Igreja missionária é uma comunidade constituída por comunidades que lutam pela vida a partir da fé. Todavia, não é a missão que procede da Igreja, mas é a Igreja que procede da missão de Deus. A atividade missionária não é apenas uma ação da Igreja, mas é simplesmente a Igreja em ação (RASCHIETTI, 2011, p. 12). De acordo com Moltmann (1978, p. 26), "não é uma igreja que tem uma missão, mas ao contrário, é na missão de Cristo que se cria a Igreja. Não é uma missão que deve ser compreendida a partir da Igreja, mas o contrário". Decorre de sua origem e estrutura trinitária. "A Igreja peregrina é, por natureza, missionária. Pois ela se origina da missão do Filho e da missão do Espírito Santo, segundo o desígnio de Deus Pai" (AG 2). Inclusive, no prefácio do decreto *Ad Gentes* se relaciona a missionariedade da Igreja com a sua catolicidade. A Igreja deixa de ser católica se não for missionária: "enviada por Deus a todos os povos para ser sacramento universal de salvação, por exigência íntima de sua catolicidade e obedecendo ao mandato de seu Fundador (cf. Mc 16,16), esforça-se por anunciar o Evangelho a todos os povos" (AG 1).

A missão é a essência da Igreja. Não pode ser separado. A razão de ser da missão é uma só, ou seja, que todos os homens sejam salvos em Cristo, único mediador (cf. 1Tm 2,4) e visa a que todos formem um só Povo de Deus, unam-se em um só Corpo de Cristo e edifiquem um só Templo do Espírito (AG 7). Daí ser a Missão o próprio agir de Deus na história (AG 9). Mas a missão deve ser feita para defender a vida, feita segundo a imagem de Deus, a vida não pode ser defendida por deuses ou ídolos que combatem entre si nem por ídolos projetados pelo sistema opressor. Ao afirmar a universalidade da missão, vai-se na contramão das exclusividades de contextos, sistemas e grupos humanos fechados, por isso todo o gênero humano é chamado a constituir-se Povo de Deus para restaurar o mundo em Jesus Cristo (cf. LG 1; 3; 28; AG 4). Os projetos históricos dos povos devem estar relacionados ao projeto do Reino de Deus.

A missão da Igreja no mundo é fazer apresentar o Deus da Vida para que a humanidade tenha vida em abundância; convocar para a libertação do mundo. A missão não pode ter apenas uma linha eclesial, também não deve ser um departamento pastoral, mas fonte e princípio de vida plena (SUESS, 1995). Assim, a pastoral e a ação evangelizadora são chamadas a apresentar uma íntima analogia com a missão *ad gentes*. Nesse sentido, afirma-se que "o Espírito Santo é o protagonista de toda a missão eclesial" (RM 21). Ele rejuvenesce, purifica e renova a Igreja (cf. LG 4). A necessidade da Igreja na ordem de salvação universal afirma-se, através das expressões: "sacramento universal de salvação" (LG 48) "sinal é instrumento de salvação". De tal modo que Deus quer que toda a humanidade seja salva e chegue ao conhecimento da verdade.

A Missão como diálogo cultural e religioso

A missão *ad gentes* não pode ser caracterizada apenas pela distância ou a saída geográfica *ad extra,* embora faça parte e indique também sair, mas de maneira especial deve ser uma saída dos próprios esquemas culturais, religiosos e de pensamento, em um processo de inculturação. Transcende as fronteiras geográficas e aparece em todos os continentes a tal ponto que a missão pode ser realizada em qualquer lugar. Além disso, o papa Francisco afirma que "a atividade missionária é o paradigma de toda obra da Igreja" (EG 15). "Sem a missão *ad gentes*, a própria dimensão missionária da Igreja ficaria privada de seu significado fundamental e de seu exemplo de atuação" (RM 34).

A missão *ad gentes* se caracteriza, em especial, pela distância cultural e religiosa. Acontece através do diálogo com os que têm outras crenças ou não acreditam em Deus. A emergência do pluralismo religioso e cultural convida a Igreja a repensar a própria identidade e a atividade missionária. Não é possível ignorar o pluralismo de formas de ver e compreender a realidade cultural, religiosa e social no mundo globalizado. O diálogo aposta na possibilidade da renovação das relações inter-religiosas pelo encontro, por meio de um conjunto de relações inter-religiosas, positivas e construtivas, com pessoas e comunidades de outras confissões religiosas, para um mútuo conhecimento e um recíproco enriquecimento. Esse relacionamento inter-religioso acontece com as pessoas que estão enraizadas e compromissadas com a própria fé, mas igualmente disponíveis ao aprendizado com a diferença.

O diálogo inter-religioso necessita ser uma opção missionária, uma atitude permanente frente ao pluralismo religioso. Claro que Deus é sempre maior do que nossa compreensão. As religiões não cristãs também desempenham um papel salvífico. Para que aconteça é necessário o diálogo inter-religioso e intercultural no mútuo respeito e conhecimento. Quando se experimentam os valores de uma religião e de uma cultura, entende-se melhor a inculturação, que é uma arte integral da comunicação do Evangelho, para que a mensagem seja transmitida integralmente. A cultura é cada vez mais válida para a reflexão sobre a fé, e precisa usar sua própria lente para interpretar as Escrituras, formulações doutrinárias, práticas éticas e costumes litúrgicos. A fé cristã precisa estar envolvida no contexto cultural e espiritual dos povos originários.

No entanto, a missão *ad gentes* orienta para a evangelização dos "povos, grupos humanos, contextos socioculturais, onde Cristo e o Evangelho não são conhecidos, ou onde faltam comunidades cristãs suficientemente maduras para poderem encarnar a fé no próprio ambiente e anunciá-la a outros grupos" (RM 33). Todavia, na mentalidade da cristandade, a missão *ad gentes* coincidiu com a missão além-fronteiras. O Concílio Vaticano II fornece alguns critérios para identificar os destinatários da missão que hoje são bastante questionáveis, como o desconhecimento de Cristo e a vivência fora da Igreja. Inclusive a missão *ad gentes* necessita ser ecumênica visando o *ad intra* à unidade dos cristãos e o *ad extra* somar forças nas grandes questões não confessionais que hoje atormentam a humanidade, como a paz, a justiça, a diversidade cultural, a nova ordem mundial, a ecologia, as futuras gerações, entre outros (Suess, 1995).

A missão deve ser respeitosa e encontrar a "semente do Verbo" (AG 11; LG 17) entre os interlocutores, que se encontra entrelaçada nas culturas dos respectivos povos, uma "preparação evangélica" (LG 16) e por uma "pedagogia de Deus para Cristo" (AG 3). Porém, de acordo com os documentos eclesiais, a Igreja tem o dever "de pregar o Evangelho a todos os que ainda se achem fora" (AG 6) dela e "não creem em Cristo" (AG 20). Também a *Redemptoris Missio* define a missão *ad gentes* como evangelização dos que "ainda não conhecem Cristo Redentor" (RM 31), porém, no mundo globalizado, dificilmente alguém nunca ouviu falar de Jesus ou não teve acesso à doutrina do cristianismo. Com a globalização do mundo, mercados, capitais e meios de comunicação, as fronteiras geográficas perderam importância, tudo está interligado. Existem novas fronteiras, como culturais e sociais, que atravessam quase todos os países. Para o papa Bento XVI, o cristianismo não é apenas uma "Boa-Nova", ou uma comunicação de conteúdos ignorados. Em linguagem atual, diria-se: "a mensagem cristã não era só 'informativa', mas 'performativa'. Significa que o Evangelho não é apenas uma comunicação de realidades que se podem saber, mas uma comunicação que gera fatos e muda a vida" (SS 2). Neste sentido, o novo cenário de "missão além-fronteiras" os cristãos vivem a mística do caminho, da caminhada, do seguimento, do despojamento e os desafios da alteridade. A missão precisa, em vista de seus interlocutores, elaborar as prioridades contextualizadas, com uma metodologia própria e conteúdos específicos inculturados.

A missão como saída e êxodo

A missão *ad extra* nos coloca a caminho do êxodo, em saída, a Palavra de Deus aparece constantemente no dinamismo de saída, que Deus quer provocar em todo batizado, como discípulo missionário. A missão é vivida numa dinâmica de êxodo e de dom. Na Bíblia, Abraão aceitou a chamada para sair rumo a uma nova terra (Gn 12,1-3). Também o próprio Moisés ouviu a chamada de Deus: "Vai; Eu te envio" (Ex 3,10), e ele fez sair o povo rumo à terra prometida (Ex 3,17). Ao profeta Jeremias Deus lhe disse: "Irás aonde Eu te enviar" (Jr 1,7). Jonas, embora queira fugir, Deus o envia para Nínive a contragosto (Jn 1,1-2). Também, hoje todos somos chamados a uma nova saída missionária, como discípulos missionários. "Sair da própria comodidade e ter a coragem de alcançar todas as periferias que precisam da luz do Evangelho" (EG, 20). No entanto, "não é fácil sair de si mesmo, de caminhar e de semear sempre de novo, sempre mais além" (EG 21), contudo, "sair de si mesmo para se unir aos outros faz bem" (EG 80). "Sair em direção aos outros para chegar às periferias humanas não significa correr pelo mundo sem direção nem sentido" (EG 46).

A saída missionária nos paradigmas *ad extra*, *ad gentes* e *ad vitam* caminham juntos e não esgotam a missão, mas exaltam sua urgência, universalidade e radicalidade missionária. Todavia, o *ad extra* indica a missão em sua radicalidade e especificidade, "exerce-se em territórios e grupos humanos bem delimitados" (RM 37), e que "um contexto culturalmente não cristão representa um desafio bem mais complexo e de primária importância em relação a outros já marcados por uma tradição cristã" (Raschietti, 2011, p. 28). Atualmente, existe progressivamente a consciência da influência do empreendimento colonial na visão da missão, neste sentido, na reflexão teológica há um esforço para a decolonização. Um grande esforço está em andamento, na reflexão e na prática, para se livrar da visão colonial.

O cristianismo desde suas origens saiu em missão. Porém, no século IV, tornou-se a religião lícita do Império Romano, sendo a religião oficial do estado considerada a única "arca da salvação", fora da qual a humanidade se perdia. Cipriano de Cartago, em 258, afirmava "extra ecclesiam nulla salus". A problemática principal para a Igreja e para a teologia era a questão da salvação dos outros povos em Jesus Cristo, daí a necessidade da missão como saída *"Ad-Extra"* e como *"plantatio Ecclesiae"*. Os missionários tinham muito claro que todo aquele que não tivesse chegado à fé explícita em Jesus Cristo não poderia ser salvo de forma alguma (DUPUIS, 2004, p. 19-20). De fato, a Igreja reivindica a universalidade da salvação em Jesus Cristo. Ser missionário significava sair geograficamente da Europa, visando a expansão geográfica e religiosa da Igreja nos lugares que ainda não existia, levando a "fé" e "civilização" assim como a própria cultura. Era uma missão eurocêntrica e colonialista.

Até os dias de hoje se usam os termos com 'pagãos', 'infiéis' ou 'não cristãos'. Ainda tem quem veja outras religiões como manifestações humanas e idolátricas. Usar a palavra "não cristãos" para dirigirmos às outras religiões não é adequado, porque nós, cristãos, também somos os "não hindus", os "não budistas" e os "não muçulmanos". Devemos chamar as pessoas a partir da autocompreensão, não a partir da compreensão alheia, com frequência preconceituosa (DUPUIS, 2004, p. 23). De qualquer maneira, falar da Salvação para os "não cristãos", fora da Igreja católica, sempre foi uma situação não bem resolvida, já que a teologia cristã pensa o cristianismo como o meio universal da salvação. "As vias de salvação são predispostas por Deus e não pelos próprios seres humanos" (DUPUIS, 2004, p. 213). No lugar de falar que fora da Igreja não há salvação é melhor dizer que "fora do mundo não há salvação", já que os cristãos na Igreja não são os proprietários nem de Deus nem da Salvação, são apenas testemunhas do Reino de Deus (GEFFRÉ, 2013, p. 275).

Enfatizamos que a ação missionária foi realizada a partir da visão colonialista e eurocêntrica, nos mesmos navios que viajavam os missionários iam os colonizadores. A missão era parte da expansão colonial da Europa para o resto do mundo. Até poucos anos também era possível dizer os lugares onde não se conhecia Jesus Cristo, isto é, a missão *ad gentes,* "na mentalidade da cristandade, coincidia com a missão *ad extra,* em territórios culturalmente não cristãos. Extensão rimava com expansão da Igreja. Hoje, parece impor-se como realidade em qualquer lugar, particularmente nos contextos de antiga tradição cristã" (RASCHIETTI, 2011, p. 22). No geral, os países não cristãos estavam fora da Europa, portanto os missionários saíam do primeiro mundo para o terceiro mundo. Ser missionário significava sair da própria terra. Essa concepção geográfica marcou a história da missão. Os povos conquistados e dominados eram vistos e postos em uma inferioridade natural. Porém, atualmente, pode suceder o contrário, isto é, querer ser missionário *ad extra* para buscar vantagens pessoais e conforto familiar, que, talvez, não seja encontrado no próprio país; saindo do terceiro mundo para o primeiro mundo.

O mundo está globalizado, não existe a separação de um mundo cristão e não cristão. A própria Europa foi secularizada, inclusive recebendo grandes fluxos migratórios formando um pluralismo religioso. O conceito da missão mudou e se sabe que a missão está em todo lugar. Essa realidade desafia o *ad extra*, daí vem a questão: ainda é necessário sair da própria terra para ir ao encontro dos "não cristãos" quando eles batem à porta? Claro que para as congregações exclusivamente missionárias é necessária a saída, de acordo com as normas internas, para viver o desafio *ad extra*, olhando para os pobres e migrantes que estão em todos os lugares. Embora o princípio pode ter sido enfraquecido, em alguns institutos missionários, que estão enfrentando a crise do envelhecimento, falta de vocações, saída do instituto dos jovens, falta de identidade, entre outros aspectos que parecem ser irreversíveis. Na atualidade, o *ad gentes* pode ser encontrado em todo lugar, mas não deve afetar a validade fundamental do *ad extra*. É necessário, no entanto, sondar seu significado profundo com uma nova visão. Devemos colocarmos em uma dimensão de "Itinerância" não apenas de acordo com a dimensão geográfica, mas também no sentido de maior liberdade, disponibilidade e até pobreza. "Itinerância" significa estar em movimento com a capacidade de não se fixar em um único serviço ou em uma única atividade missionária. De acordo com o papa Francisco a missão é sempre sair para defender a vida:

> Saiamos, saiamos para oferecer a todos a vida de Jesus Cristo! Repito aqui; (...) prefiro uma Igreja acidentada, ferida e enlameada por ter saído pelas estradas a uma Igreja enferma pelo fechamento e a comodidade de se agarrar nas próprias seguranças. Não quero uma Igreja preocupada com ser o centro, e que acaba presa em um emaranhado de obsessões e procedimentos. (...) Espero que nos mova o medo de nos encerrarmos nas estruturas que nos dão uma falsa proteção, nas normas que nos transformam em juízes implacáveis, nos hábitos em que nos sentimos tranquilos (EG 49).

De acordo com a citação anterior do Papa, a missão em saída significa deixar as próprias seguranças culturais, psicológicas, estruturas, entre outras tantas, para outra cultura, enlameando-se por ter saído, em vista do primeiro anúncio. O desafio maior na saída é ser capaz de se inculturar, ser hóspede na casa do outro, entrar em outra cultura e mentalidade do povo que acolhe; é "a ação do Espírito, faz-nos sair dos esquemas limitados" (EG 272). O missionário em outra cultura e povo, antes de tudo, é hóspede e assume as características culturais das pessoas que o acolhem, aprecia e aceita o que lhe é oferecido, qualquer que seja a oferta, pois está em uma cultura diferente. Ser hóspede é ter consciência de saber sair, deixar e chegar. Não se pode aproximar para uma determinada cultura sem a disposição para o diálogo e para a acolhida do diferente.

O missionário é hóspede em saída, em caminhada e em processo de inculturação, vive a abertura com o povo, com a cultura diferente, aprende o idioma local, respeita as tradições, os costumes, as crenças locais e a se inserir aos poucos na nova realidade (EG 69). Faz um longo itinerário com a nova cultura, onde compartilha a própria fé, cultura e costumes, no processo de encarnação. Deixe de lado os "preconceitos" ou as influências culturais. Supera as tentações de acreditar pertencer a uma cultura "superior", assim como se liberta das pretensões de fazer parte de costumes e tradições mais "civilizadas" ou mais humanas, do que a cultura local.

Considerações finais

A missão *ad gentes* e *ad extra* necessita ter consciência de que ao longo da história esteve envolvida com o projeto colonial da *"plantatio Ecclesiae"*. A colonialidade infelizmente ainda existe, está encarnada na pessoa por meio do pensamento e dos projetos de vida, consciente ou inconscientemente se é colonial. A missão não é intrinsecamente colonial, mas esteve envolvida com a missão moderna colonial. Para se descolonizar a missão é necessário fazer um processo demorado de desaprender e reaprender, um caminho de reflexão teológica e de prática cotidiana nas relações humanas. Nesse sentido a missão decolonial é desafiadora no processo de encarnação e inculturação.

O trabalho missionário precisa estar marcado pela gratuidade, sabendo relativizar elementos da própria cultura e reaprender com as pessoas na nova realidade. A empatia e a proximidade são cruciais para a construção de relacionamentos significativos e para que o anúncio do Reino seja eficaz. A abertura ao diálogo com as diferentes religiões, costumes e culturas não só enriquece a própria compreensão da cultura ou religião, mas também promove a tolerância e o respeito mútuo. O respeito e o diálogo pelo diferente são essenciais para um trabalho eficaz.

A missão *ad gentes* tem como característica o primeiro anúncio a todos os povos e todas as culturas, pela saída transcultural e pela opção preferencial pelos pobres, na atualidade a missionariedade paradigmática de toda a Igreja, que vai se delineando em torno de novos rostos, estilos, conceitos, com o enfoque do primeiro anúncio em um mundo globalizado. Não é possível ignorar o pluralismo de formas de ver e compreender a realidade cultural, religiosa e social, em que tudo está interligado, como mercados, capitais, meios de comunicação.

Está claro que para as Congregações especificamente missionárias o *ad gentes* está ligado ao paradigma *ad extra* e *ad vitam* como missão específica do primeiro anúncio "fora do próprio ambiente, cultura e Igreja de origem" (C 9). Porém mais que uma questão do lugar é a atitude de como se vive a missão. Não obstante, a missão deve ser realizada por todo batizado, de acordo com a própria realidade e possibilidades, seja como laico ou consagrado (a), tanto através da oração como da ação missionária, a exemplo de Santa Teresinha do Menino Jesus.

Sair do próprio país não é suficiente para viver a missão *ad gentes* e *ad extra,* mas é necessário. Sair fisicamente é o primeiro passo, mas se precisa de uma saída efetiva e afetiva para entrar na cultura do outro, fazendo-se hóspede na casa do outro. Enfim, hoje, mas que nunca no mundo globalizado, é fácil através do uso das redes sociais sair geograficamente do país e estar virtualmente ligado com as realidades do país de origem. As novas tecnologias são necessárias e úteis, mas não podem as redes ser um limite para a missão, devem ser usadas como uma força.

Referências Bibliográficas

BENTO XVI. Carta Encíclica *Spe Salvi*. São Paulo: Paulinas, 2007.

BEVANS, S.; SCHROEDER, R. *Diálogo Profético*. Reflexões sobre a missão cristã hoje. São Paulo: Paulinas, 2016.

DUPUIS, J. *O Cristianismo e as religiões*. Do desencontro ao encontro. São Paulo: Loyola, 2004.

FRANCISCO. Exortação Apostólica *Evangelii Gaudium*. São Paulo: Paulinas, 2013.

GEFFRÉ, C. *De Babel a Pentecostes*. São Paulo: Paulus, 2013.

JOÃO PAULO II. Carta Encíclica *Redemptoris Missio*. São Paulo: Loyola, 1991.

MOLTMANN, J. *La Iglesia en la fuerza del Espíritu*. Salamanca, 1978.

RASCHIETTI, S. O presbítero e a missão. In *Encontros Teológicos*, n. 60 Ano 26 / n. 3 / 2011, p. 9-30.

SUESS, P. A missão da Igreja no mundo. Repensar fundamentos, heranças e dimensões 30 anos depois do Decreto *Ad gentes*. In *Vida pastoral,* n. 184, 1995, p. 9-20.

VATICANO II. *Compêndio dos documentos do Concílio Ecumênico*. São Paulo: vozes, 1997.

3

NOSSAS SEDES, NOSSAS ÁGUAS

Tea Frigerio mmx

O escrito foi feito a partir de uma experiência de assessoria entre povos originários, interroga-se a respeito da relevância do carisma missionário *ad gentes*. Ao refletir sobre a narração do encontro da Samaritana com Jesus em João 4,1-42, principia uma resposta: povos, culturas, religiões são nascentes que oferecem águas, ao misturar-se recriam a vida, lugar do encontro do humano com o divino. Percorrer este caminho exige desentupir os próprios poços para que voltem a ser nascentes.

Entrando na conversa

De 14 a 21 de janeiro de 2023 estive em São Gabriel de Cachoeira, no Rio Negro, no coração da Amazônia, diocese mais extensa do Brasil: tem 294.000 quilômetros quadrados. É também a mais indígena, pois 90% da população é constituída por Povos Indígenas de vinte e três etnias e ainda são faladas dezoito línguas originárias. Fui convidada a assessorar na Escola de Formação Teológica para leigos e leigas, que aconteceu na segunda quinzena de janeiro e julho, reunindo aproximadamente 90 representantes das 11 paróquias. Cada etapa aborda dois temas diferentes. O convite que havia recebido dizia: venha em São Gabriel da Cachoeira assessorar a 4ª Etapa da

Escola de Formação de Lideranças, com o Tema a Mulher na Bíblia. Na hora senti desafio e receio em ter de confrontar meu pensar com o pensar das culturas indígenas sobre a mulher. Desafio e receio, mas aceitei e fui.

O receio e até medo quase me paralisaram quando me vi frente ao auditório formado em sua maioria por homens indígenas e uma pequena minoria de mulheres. Mas tinha me jogado na água, então tinha de nadar ou ia me afogar. E, ao longo da semana fui nadando, nas apresentações, na escuta, no aprimorar a linguagem, nas trocas de ideias, nas conversas, na inculturação daquilo que eu apresentava, no mundo e na cultura deles, na convivência e nas comidas, vivenciei o que sempre experimento nos cursos e encontros junto ao povo: enriquecimento recíproco. Minto, o que vivenciei foi bem maior, foi espanto e maravilha, foi encontro de saberes, foi encontro de culturas, foi ... Ao apresentar as temáticas, as narrações bíblicas cresciam o espanto e a maravilha, os participantes do curso em sua sabedoria, quase com naturalidade reconheciam o pensar, o agir que havia em suas culturas, até em alguns de seus mitos, nas relações quer na vida, quer na igreja. Os homens questionando seu patriarcalismo. As mulheres fortalecendo sua dignidade. Crescendo juntos, juntas na utopia de uma Igreja inclusiva e sinodal.

No final da semana, como de costume, houve uma noite de confraternização. Os grupos étnicos apresentaram suas danças, ofereceram colares. Tomei a palavra e expressei um pensamento que me habita: sou o que sou hoje graças à Amazônia, ao povo amazônico, sobretudo as mulheres amazônicas. Nestes dias vocês contribuíram na construção do que eu sou.

E, durante a semana, foi confirmando o que ia partilhar no meu escrito para o caderno CEMLA de 2023, uma narração que as Comunidades dos e das Discípulas amadas nos deixaram em herança: um encontro ao poço que se tornou nascente de onde jorra água viva até hoje.

Narração das Comunidades dos Discípulos e Discípulas amadas João 4,1-42

Inicio a conversa recordando que o texto bíblico é um tecido. Texto tecido, vidas trançadas em um texto. Texto, tecido é uma imagem que uso frequentemente ao refletir sobre um texto bíblico, ajuda a perceber as mãos e os fios escolhido que o teceram, ajuda a sentir os cheiros da vida que dele se desprende, percorrer o caminho das cores e perseguir o perfume da vida que desprende, desencontros, encontros. O tecido urdido tem um padrão e, enquanto contemplo a memória do encontro da Samaritana[1] com Jesus, percebo quanto esta narração foi tecida com cura e amor.

Convido a contemplar comigo:

Texto

João 4,1-42

1 Quando Jesus soube que os fariseus tinham ouvido dizer que
ele fazia mais discípulos e batizava mais que João — 2 ainda que,
de fato, Jesus mesmo não batizasse, mas os seus discípulos — 3
deixou a Judeia e retornou à Galileia. 4 Era preciso passar pela Sa-
maria. 5 Chegou, então, a uma cidade da Samaria, chamada Sicar,
perto da região que Jacó tinha dado a seu filho José. 6 Ali se achava
a fonte de Jacó. Fatigado da caminhada, Jesus sentou-se junto
à fonte. Era por volta da hora sexta. 7 Uma mulher da Samaria
chegou para tirar água. Jesus lhe disse: "Dá- me de beber!" 8 Seus
discípulos tinham ido à cidade comprar alimento. 9 Diz-lhe, então,
a samaritana: "Como, sendo judeu, tu me pedes de beber, a mim
que sou samaritana?" (Os judeus, com efeito, não se dão com os
samaritanos) 10 Jesus lhe respondeu: "Se conhecesses o dom de
Deus e quem é que te diz: 'Dá-me de beber', tu é que lhe pedirias
e ele te daria água viva!" 11 Ela lhe disse: "Senhor, nem sequer
tens uma vasilha e o poço é profundo; de onde, pois, tiras essa
água viva? 12 És, porventura, maior que o nosso pai Jacó, que nos
deu este poço, do qual ele mesmo bebeu, assim como seus filhos
e seus animais?" 13 Jesus lhe respondeu: "Aquele que bebe desta

[1] Incomoda-me sempre o anonimato das mulheres na bíblia. Em um dos encontros de Hermenêutica de leitura da bíblia feminista e libertadora, cujo centro era João 4,1-42, decidimos dar um nome à Samaritana. E no consenso final decidimos que a Samaritana devia se chamar: Anunciação, pois ela anunciou ao seu povo Jesus, o Salvador do mundo. Anunciação, a Matriarca do povo Samaritano.

água terá sede novamente; [14]mas quem beber da água que eu lhe darei, nunca mais terá sede. Pois a água que eu lhe der tornar-se-á nele uma fonte de água jorrando para a vida eterna". [15]Disse-lhe a mulher: "Senhor, dá-me dessa água, para que eu não tenha mais sede, nem tenha de vir mais aqui para tirá-la!" [16]Jesus disse: "Vai, chama teu marido e volta aqui". [17]A mulher lhe respondeu: "Não tenho marido". Jesus lhe disse: "Falaste bem: 'não tenho marido', [18]pois tiveste cinco maridos e o que agora tens não é teu marido; nisso falaste a verdade". [19] Disse-lhe a mulher: "Senhor, vejo que és um profeta... [20]Nossos pais adoraram sobre esta montanha, mas vós dizeis: é em Jerusalém que está o lugar onde é preciso adorar". [21]Jesus lhe disse: "Crê, mulher, vem a hora em que nem sobre esta montanha nem em Jerusalém adorareis o Pai. [22]Vós adorais o que não conheceis; nós adoramos o que conhecemos, porque a salvação vem dos judeus. [23]Mas vem a hora — e é agora — em que os verdadeiros adoradores adorarão o Pai em espírito e verdade, pois tais são os adoradores que o Pai procura. [24]Deus é espírito e aqueles que o adoram devem adorá-lo em espírito e verdade". [25]A mulher lhe disse: "Sei que vem um Messias (que se chama Cristo). Quando ele vier, nos anunciará tudo". [26]Disse-lhe Jesus: "Sou eu, que falo contigo". [27]Naquele instante, chegaram os seus discípulos e admiravam-se de que falasse com uma mulher; nenhum deles, porém, lhe perguntou: "Que procuras?" ou: "O que falas com ela?" [28]A mulher, então, deixou seu cântaro e correu à cidade, dizendo a todos: [29]"Vinde ver um homem que me disse quem eu sou. Não seria ele o Cristo?" [30]Eles saíram da cidade e foram ao seu encontro. [31]Enquanto isso, os discípulos rogavam--lhe: "Rabi, come!" [32]Ele, porém, lhes disse: "Tenho para comer um alimento que não conheceis". [33]Os discípulos se perguntavam uns aos outros: "Por acaso alguém lhe teria trazido algo para comer?" [34]Jesus lhes disse: "Meu alimento é fazer a vontade daquele que me enviou e consumar a sua obra. [35]Não dizeis vós: 'Ainda quatro meses e chegará a colheita'? Pois bem, eu vos digo: Erguei vossos olhos e vede os campos: estão brancos para a colheita. Já [36]o ceifeiro recebe seu salário e recolhe fruto para a vida eterna, para que o semeador se alegre juntamente com o ceifeiro. [37]Aqui, pois, se verifica o provérbio: 'um é o que semeia, outro o que ceifa'. [38]Eu vos enviei a ceifar onde não trabalhastes; outros trabalharam e vós entrastes no trabalho deles". [39]Muitos samaritanos daquela cidade creram nele, por causa da palavra da mulher que dava testemunho: "Ele me disse quem eu sou!" [40]Por isso, os samaritanos vieram até ele, pedindo-lhe que permanecesse com eles. E ele ficou ali dois dias. [41]Bem mais numerosos foram os que creram por causa da palavra dele [42]e diziam à mulher: "Já não é por causa do que tu falaste que cremos. Nós próprios o ouvimos, e sabemos que esse é verdadeiramente o salvador do mundo".[2]

[2] Bíblia de Jerusalém https://www.ebookbiblicos.com/2019/06/baixar-biblia-de-jerusalem-em-pdf.html

Estrutura

vv. 1-3 texto de passagem

vv. 4-6 contextualização – *tinha de passar pela Samaria*

vv. 7-15 poço – sede – água – *como é que tu,* ***judeu****, pedes de beber a mim, que sou samaritana*

vv. 16-18 maridos – *não tenho marido*

vv. 19-24 onde adorar a Deus – *em espírito e verdade* ***profeta***

vv. 25-26 Messias que há de vir – *Sou eu que falo contigo* ***Messias – Sou eu***

vv. 28-30 deixou o cântaro – *vinde e vede um* ***homem*** *que me disse quem sou* ***Cristo***

vv. 8.27.31-33 discípulos – *Mestre, come... uma comida que vos não conheceis*

vv. 34-38 parábola da colheita – *envie a ceifar... onde outros trabalharam* (inclusão posterior)

vv. 39-42 samaritanos – *permanece conosco*

Salvador do mundo

Retomamos a narração e perceber os fios coloridos que o tecem:

• *tinha de passar pela Samaria,* na realidade não precisava passar pela Samaria, os judeus preferiam dar uma volta, encompridar o caminho e não passar por esta região, considerada impura por ser habitada por samaritano, considerados heterodoxos. O incisivo é como um pisca-pisca, adverte-nos que o que está sendo narrado é importante.

• *Sicar* – poço, etimologicamente *'Sicar'* significa entulhado, há um poço entulhado. Poço que acorda a memória antiga do pai Jacó, das matriarcas, dos encontros junto ao poço.

• *dá-me de beber,* Jesus é apresentado como homem cansado da viagem, senta-se à beira do poço, necessitado...

• *como é que tu, judeu, pedes de beber a mim, que sou samaritana,* o pedido provoca uma resposta que revela a importância, as dimensões do conflito: gênero, étnico, religioso, histórico. Ao mesmo tempo faz desabrochar os temas do diálogo que revelam as sedes, e as águas que cada interlocutor tem: *sede – água – poço – fonte – história – adorar – vida – espera – encontro...*

• ... *marido* ..., o acordar da origem histórica de seu povo.

• *onde adorar,* em Dt 12,5 Javé escolhe o lugar onde ser adorado; no Êxodo Javé pode ser adorado somente em terra livre por pessoas livres... Jesus afirma em espírito e verdade ...

• *vinde e vede,* a Samaritana se apropria das palavras de Jesus (João 1,39), deixa o cântaro, corre a cidade, sua sede foi saciada, oferece a água da sua experiência...

• *Mestre, come,* os discípulos tinham ido à cidade procurar comida, agora voltam ... O mesmo homem que tinha sede, agora não tem fome, outra é a sua comida, seu alimento... sua fome e sede saciadas

• *entraste onde outros trabalharam* – a Ruah presente nas pessoas, nas culturas, nos povos... é uma inclusão posterior; uma alusão crítica aos Atos do Apóstolos onde se afirma que os Samaritanos entraram no Movimento de Jesus pela ação de Filipe (At 8,5-8)

• *permanece conosco* – o povo samaritano incluído nas comunidades dos e das Discípulas amadas.

Composição

A: 4-8: a sede de Jesus e da Samaritana
B: 9-15: a água de Jesus, e da Samaritana
C: 16-20: os maridos, a Samaritana e o Profeta

D: 21-24: hora de adorar o Pai em Espírito e Verdade
C': 25-30: a Samaritana, os Samaritanos e o Cristo
B': 31-38: o alimento de Jesus
A': 39-42: a fé dos Samaritanos

Notamos a estrutura concêntrica que tem seu centro nos vv. 21-24: a hora de adorar em Espírito e Verdade: são o coração da narração.

Desencontros e Encontros

Desencontros: de gênero, etnia, religião; há dois discursos paralelos sobre água: o cotidiano do trabalho e o simbólico da água; ao falar de maridos, a entrada é barrada, pois o assunto é pessoal, o estrangeiro-homem não tem entrada, ao mesmo tempo acorda a memória antiga da história do próprio povo (2Rs 17,24-31)[3].

Desencontro que se torna Encontro à interrogação onde adorar; a composição da narração leva nosso olhar para este momento fundante. Jesus bebeu ao poço da Samaritana, ela bebeu da água da vida do poço de Jesus, as águas se misturam, e acontece a revelação, a partilha com seu povo: vinde... vede ... encontrei (4,29); apropria-se dos dois verbos do discipulado, vinde e vede, com os quais Jesus convidou André e João (1,39). A Samaritana, parceira de Jesus na evangelização entra na corrente das testemunhas (4,40.42).

Reconhecimento

No diálogo há um progressivo reconhecimento a respeito de Jesus por parte da Samaritana:

- v 8 Judeu
- v 11 Senhor

[3] Em 721 a.C., a Samaria foi ocupada por Sargon II, rei dos Assírios, que deportou a população para Assíria e a substitui com cinco povo por ele conquistados. Estes se misturaram com os remanescentes do Reino de Israel e praticaram cultos híbridos. Quando os exilados de Babilônia voltaram, os Samaritanos se ofereceram para ajudar a reconstruir o templo de Jerusalém, mas os judeus recusaram a ajuda, julgando-os heréticos. No final do IV séc. a.C., os Samaritanos erigiram um templo no monte Garizim, (hoje é Gebel el Tur, monte alto 881 m). Em 128 a.C. os judeus o destruíram fazendo assim crescer as hostilidades entre samaritanos e judeus. No tempo de Poncio Pilatos, muitos samaritanos que tinham se reunidos no Garizim foram mortos, outros foram massacrados no 67 d.C.

- v 19 Profeta
- v 25.29 Homem – Cristo
- v 28 Eu sou
- v 42 Salvador do mundo

Reconhecemos as cores de uns fios que tecem o urdido. O encontro da Samaritana com Jesus foi um encontro diferente. Diferente no gênero: ele era homem, ela era mulher; na geografia, na cultura: ela samaritana, ele galileu; na religião: ele adorava Deus no monte de Jerusalém, ela no monte Garizim. Diferença que pareciam muros difíceis a cair, abismos tão profundos impossíveis de serem transpassados, mas, experimentaram ao poço Sicar (entulhado que foi desentulhado) as sedes e as águas das fontes que cada um, uma guardavam em si. Abriram-se, silenciaram, tiraram o entulho do próprio poço (Sicar), escutaram, acolheram, misturaram, aprenderam, tornaram-se parceiros. Ambos tinham sede, ambos tinham águas em seu poço, reconheceram-as e as partilharam: saciaram sua sede, sua fome.

O espaço onde estabeleceram o diálogo foi o poço, em Siquém aos pés do monte Garizim. Lugar que abastecia de água o povoado. Poço, espaço das mulheres, lugar de encontro, de memória, de relações novas, lugar do amor. O poço de nosso pai Jacó, do consenso entre Rebeca e Isaac (Gn 24), onde desabrochou o amor entre Raquel e Jacó (Gn 29,1-20), poço onde na libertação sela-se a aliança entre Sefora e Moisés (Ex 2,11-22).

Samaria, poço de Sicar, Jesus, o estrangeiro, entra no quintal da Samaritana. Quintal cheio de ervas daninhas semeadas por desencontros históricos (Eclo 50,25-26); pelo preconceito *'não convinha passar pela Samaria'* (Lc 9,51-56). Preconceitos, atritos tão fortes e atávicos que as lideranças judaicas em suas acusações contra Jesus teriam dito: *"Não dizíamos com razão que és samaritano e que tens um demônio?"* (Jo 8,48).

Homens e mulheres não conversam em público, os dois ousaram desconstruir paradigmas, derrubar muros de separação, souberam tirar água do poço de outra pessoa, de sua cultura, de sua religião. Jesus principia o diálogo, revelando sua sede "*dá-me de beber*", revelando sua fragilidade, sua necessidade: precisava da Samaritana para matar sua sede. Da sede de água, necessidade indispensável conduz o diálogo à outra água, outras sedes. Oferece uma água que alimenta todas as sedes humanas, água de onde jorra vida em plenitude. Diálogo trançado com fios muitos coloridos, cor de sede do corpo, sede cotidiana, sede de sentido da vida, sede do transcendente.

Brota uma pergunta: nós, que sedes temos? Que outras sedes? De que águas necessitamos? Que águas temos a oferecer? Que águas '*os outros, as outras*' tem a nos oferecer? Que trocas podemos estabelecer? Pensemos nisso no final de nossa conversa voltaremos a nossos poços, e nossas águas, aos poços e águas que outros, outras guardam em si.

Aconteceu outra vez ao poço

O andar de Jesus de Jerusalém para Galileia é andar que se afasta da fama, do sucesso, andar à procura... Andar que leva ao poço.

Aconteceu outra vez ao poço que se diz de Jacó. A rotina cotidiana levava a mulher ao poço, atingir água. *"Era preciso passar pela Samaria"* (4,5). Não, não era preciso! O judeu que transitava preferia alongar o caminho, mas não passar pela Samaria. É preciso passar, pois tem uma dívida a pagar.

Ir, estar, ver, conhecer, seguir, amar, testemunhar, anunciar são os verbos do discipulado. Mas nem todo ir é andar de discípulo, de discípula. A mulher ia todo dia ao poço. Um ir obrigado. Um ir cotidiano. Um ir trabalho. Era sua tarefa cotidiana: dura, escaldante, pesada, monótona. Também aquele dia foi com seu cântaro atingir água ao poço. De longe avistou um homem, um viajante. Receosa se aproximou: ignorar, estar alerta para o que der e vier. O desconhecido podia se tornar um perigo, uma ameaça?

Nessa interrogação o pedido a surpreendeu: *"dá-me de beber"* (4,7). O homem era judeu e atrevido pedia água, a água da hospitalidade a uma mulher samaritana! Hospitalidade é sagrada: ao viajante não se pode negar água, mas pode-se questionar: *"como tu pede água a uma mulher, a uma samaritana?"* (4,9). No pedido, na interrogação inicia-se a conversa. Conversa que começa a partir do trabalho, passa pela vida pessoal, entra na religião.

Ao falar de água a mulher tem um objetivo claro: tornar menos pesado e entediado seu trabalho, quem sabe o judeu tenha um segredo para não vir mais até a nascente e ter abundância de água perto de casa!

O encontro! Um homem, judeu, mestre, desconhecido. Uma mulher, samaritana, popular, sem nome. O encontro, um pedido, a surpresa e a porta estão abertas, o diálogo instaurado. Diálogo que abre portas fechadas, que derruba muros antigos, que rompe silêncios atávicos. *"Como tu... pedes... a mim?"*. O homem lhe fala pedindo, não ordenando. Uma fala mansa, humilde, que pede. Quanto é novo este falar! Não são berros, ordens, arrogância, ira, grosseria que marcam essa fala. É voz que pede. Pedido de água.

Água a ser dada, água a ser recebida. Água que mata a sede do cansaço, da longa caminhada. Água que mata outra sede, bem mais amarga, bem mais cansada, de bem mais longa caminhada. Sede de esperanças perdidas, de sonhos frustrados, de utopias vencidas. Sede nascida no anonimato, na violência, nos abusos. Sede de reconhecimento, gratidão, prazer, companheirismo. Sede... Água vida. Água viva. Água reconhecimento. Água relação. Água superação.

Parece que a conversa sobre água ficou no ar *"dá-me desta água para que não precise mais vir aqui para tirar"* (4,15). Então: *"Vai chamar seu marido.... Não tenho marido..."* (4,16-17). O judeu ousa entrar em sua vida pessoal? A Samaritana fecha a porta: no íntimo da pessoa tem acesso somente quem tem entrada franca. O homem, o judeu, o inimigo atávico de seu povo considerada raça mestiça e heterodoxa, não tem permissão de entrar, embora acorde a memória histórica de seu povo.

A referência aos maridos recorda as divindades trazidas pelos cinco povos que os assírios deportaram para a Samaria em torno de 720 a.C. (2Rs 17,24.29-31). Eram divindades impostas de fora e que faziam parte de um projeto imperialista de opressão. A ordem era: dividir para reinar. Eram divindades que não geravam liberdade. A sexta divindade provavelmente é uma referência à imposição violenta do culto de Jerusalém sobre os samaritanos por João Hircano, rei e sumo sacerdote do templo, em torno de 128 a.C. Nessa ocasião, seu exército destruiu o templo dos samaritanos no monte Garizim, aumentando ainda mais a inimizade entre os dois povos. Mais uma vez, o Deus de Jerusalém legitimava a violência. Não promovia liberdade. Cinco maridos no passado, vive com o sexto, terá um sétimo? Será Jesus o sétimo marido, o esposo esperado?

Então a mulher dá uma virada, Jesus se cala, quem puxa conversa agora é ela, o assunto religião, ela faz teologia. Religião era justamente o motivo da inimizade: "onde *adorar no Garizim ou em Jerusalém?" "Nem no Garizim nem em Jerusalém, em espírito e verdade"* (4,19-21.23).

A mulher entende, sua experiência fala de corpo habitado na gestação. E, se o corpo da mulher pode ser habitado, o corpo humano pode ser habitação do Divino. De protagonista do diálogo Jesus agora cala e escuta. Na escuta reconhece que a mulher do povo, a Samaritana, a partir da vida se interroga, faz teologia. "*Em espírito e verdade*", Jesus provoca, vai além, oferece água viva. A Samaritana compreende o que Nicodemos não havia entendido (João 3,1-8).

Um judeu, homem, és um profeta, é o Enviado? Palavras de encontro, palavras de diálogo, palavras de revelação. "És quem esperamos? ***Sou Eu*** *que falo contigo*" (4,25-26). À pergunta da Samaritana revela um crescendo no crer, e a comunidade registra: Ela é a primeira destinatária a quem Jesus revela seu nome: **Eu sou!**

O cântaro é esquecido. O andar torna-se correr. Não é água que oferece, oferece um anúncio, um testemunho: *"Vinde encontrei um homem! Vinde encontrei o Cristo. Ele me disse tudo o que eu sou!"* (4,39). Anônima, Samaritana, Parceira no anúncio: Anunciação. São eliminadas as barreiras sociais, de etnia, de gênero, de religião. Parceira de Jesus no anúncio do Reino onde o Divino é *"Pai e quer ser adorado em espírito e verdade"*.

Quem olha admira-se: *"fala com uma mulher!" "Meu alimento é fazer a vontade do Pai... alimento que vós não conheceis"*. Quem olha é homem, é cego, a sociedade patriarcal venda seus olhos. Nem a proximidade com o Mestre conseguiu curar a cegueira.

A vontade do Pai é pagar a dívida, é resgatar quem fora escravizada, é restaurar a imagem e semelhança do Divino: mulher-homem.

Saíram do poço, prosseguiram caminhando, na parceria do Reino, rompendo barreiras, vencendo preconceitos, superando obstáculos, apontando, fascinando, conquistando amizades, engrossando as fileiras, anunciando o ano de graça... provocando...

Poço: memória matriarcal
Poço: trabalho duro
Poço: encontro desafiante
Poço: revelação surpreendente
Poço: anúncio novidade
Poço: testemunho parceria
Poço: memória da mulher Samaritana
Poço: nascente de água viva Anunciação.

A Samaritana e o desmoronamento do culto sacerdotal

A cultura e religião judaica separavam e diferenciavam a esfera do sagrado da esfera do profano, o puro do impuro, criando um sistema religioso que definia as modalidades de relação entre os dois campos através de mediações.

O templo de Jerusalém, lugar da presença da Divindade: lugar das oferendas, dos sacrifícios rituais, do estudo, das peregrinações e das orações, lugar do encontro entre o Divino e o ser humano, lugar onde morava a *Shekhinah.* Esta *Casa de Deus,* em seu interno, definia fortemente os espaços que consentiam a proximidade ao sagrado de diversa intensidade: *o Santo dos Santos* separava o Divino do resto do santuário.

Um sistema que separava fortemente os gentios dos israelitas, as mulheres dos homens, o povo dos sacerdotes, a Divindade de uma humanidade necessitada de perdão e reconciliação. Sistema que exigia sacrifícios, intermediários.

O encontro de Jesus com a Samaritana provoca uma reflexão profunda sobre esta realidade. A Samaritana como *mulher* não podia ser aproximada em público por um rabi; era *impura,* pois era de uma etnia que se misturou; *era herética cismática,* pois haviam construído um templo sobre o monte Garizim; como mulher não podia se aproximar do sagrado, da Divindade, seu corpo a tornava impura periodicamente, precisava de intermediário que a purificasse.

O diálogo a levara a reconhecer Jesus como *judeu, maior que o nosso pai Jacó, Senhor que faz prodígios, profeta, Messias escatológico, enviado do Pai, Salvador do mundo.* Reconhecimento que é um processo no crer por beber da água viva que lhes é oferecida.

O trançado aponta o coração do encontro *adorar ao Pai em espírito e verdade* (4,19-24). Em continuidade com os profetas, Jesus indica a superioridade do culto espiritual sobre o ritual. A Ruah conduz à verdade, à participação da vida no Divino. O verdadeiro culto vem do Divino não do ser humano necessitado de purificação, por isso não precisa de mediação, nem do templo, nem do culto, nem do sacrifício, nem do sacerdote: o Divino é presente na Vida, a Criação é casa onde o Divino habita, a Humanidade vive nesta casa.

Não é mais o templo centro da vida religiosa, mas o universo a casa onde o Divino habita. A mulher então readquire sua dignidade, o Divino é dom, não precisa de intermediário, há uma relação direta entre a Samaritana e o Divino, a Vida é *templo da Ruah.*

Não há mais a necessidade de um homem, de um sacerdote que tem pureza legal, que oferece sacrifícios para obter o perdão. O Divino, que é dom, oferece-se para que as pessoas santificadas e libertadas por seu amor comuniquem vida. Os não judeus e judeus, as mulheres e os homens, os pobres e os que têm, os pecadores e os justos podem adorar o Divino em qualquer lugar, na vida, ninguém está excluído de seu amor.

A narração conclui-se com a Samaritana, entre o estupor dos discípulos que não compreendem por que Jesus fala com uma mulher e por cima herética, que corre a sua cidade anunciar: vinde e vede, encontrei... e os Samaritanos acreditaram na palavra da mulher, acreditaram Nele: fica conosco!

Prestar culto em Espírito e em Verdade

Silencia Jesus, a Samaritana retoma a conversa, escolhe e o assunto é religião, a conversa se torna diálogo teológico. Conversa vai, conversa vinha e ambos, a Samaritana e Jesus, abriram-se, ofereceram e acolheram. Foi um diálogo em pé de igualdade. Os dois se transformaram e foram transformados. Porque a Boa-Nova habita no coração de cada pessoa. A Samaritana reconheceu Jesus como um profeta e como o Cristo esperado. Ela é a primeira destinatária desta revelação: Eu sou. Um dom, uma revelação, a Boa-Nova não é propriedade particular. O passo se torna leve, esquece o cântaro, corre a partilhar o Novo com seu povo. Tornou-se evangelizadora, missionária: anunciou quem lhe oferecera água da fonte da vida.

Jesus também mudou. Antes, achava que a salvação vinha dos judeus. No entanto, a Samaritana abriu seus olhos. E, Jesus condensa em uma frase, em linguagem profética proclama: o verdadeiro culto à Divindade é em Espírito e Verdade. Não há necessidade de templo, nem de intermediário, o coração da verdadeira religião é a Vida. O apóstolo Paulo diria que a Divindade é Espírito e onde está o Espírito aí está a Divindade, a liberdade (2Cor 3,17). A comunidade dos Discípulos e das Discípulas amadas afirmam, a verdade liberta (Jo 8,32). Prestar culto à Divindade em Espírito e Verdade, encontrar a Divindade na vida liberta das estruturas que aprisionam e libertando torna libertadores, libertadoras. Adorar a Divindade em Espírito e Verdade e superar toda e qualquer estrutura, intermediário que bloqueiam a liberdade do encontro, impedem que a justiça e o amor corram como torrentes de água viva. É voltar a ligar-se à fonte da vida, fonte de vida em plenitude, fonte divina.

O poço que, de certa forma, retinha a água, apropriava-se e controlava a água, simbolicamente representava a religião que, através de suas estruturas, dogmas, ritos, intermediários, sacrifícios se apropriava e controlava o Divino. A Água viva que Jesus oferece é nascente presente na vida, presente no íntimo de cada pessoa, Jesus convida a Samaritana a reconhecer Nele, Nela a nascente de água viva: o Humano, em espírito, verdade, encontra em si mesma liberdade, encontra na Vida o Divino!

Em Espírito e Verdade, o copo nunca enche

"Você se comporta como se fosse um copo cheio!" Essa frase é dita no filme *Avatar* por uma mulher do povo ancestral ao representante do povo da terra que quer expulsá-lo para explorar os minérios de sua floresta sagrada.

Não seria o tema de CEMLA 2023 "O carisma missionário ad gentes é ainda relevante?, um 'copo cheio'?" Faz-nos lembrar da mulher e de sua frase. O filme retrata os conflitos no encontro de dois povos diferentes em quase tudo. É muito bom para refletirmos sobre como nos comportamos diante dos diferentes. Nosso mundo globalizado cada vez mais traz para perto informações, realidades e mesmo pessoas de outras culturas e de outras religiões. Somos chamadas e chamados a perceber o outro, a outra. Ao mesmo tempo vivemos em uma sociedade que estimula a manifestação do ser individual, especialmente através do consumo e dos modismos. Ao afrouxar ou abolir os controles comunitários e familiares, abre espaço para a manifestação de diferentes maneiras de ser e de estar no mundo. Somos confrontados e confrontadas por nossas realidades, não somente atravessadas pelas desigualdades sociais, cada vez mais marcadas pelas diversidades culturais, religiosas, afetivo-sexuais e muitas outras. Por incrível que pareça, nossa sede mais latente e corriqueira pode ser fruto da ausência de reconhecimento e de diálogo com quem está mais próximo de nós: grupos cristãos variados, irmãos e irmãs de diferentes igrejas, troncos e galhos da mesma raiz, que vivem sua fé e sua espiritualidade de forma distinta. Nossos preconceitos nos impedem não só de fazer análises mais aprofundadas, como também perceber aspectos positivos nos diferentes grupos, nas culturas, nas religiões, nos povos.

Talvez, sem querer querendo, somos um poço de nome Sicar. Talvez precisemos sentar junto a um poço, pedir água, desentulhar nosso poço, para aprender a escutar, reconhecer, acolher, conviver. Talvez precisemos derrubar o poço para que a água corra livre, não mais prisioneira das estruturas, de uma experiência de evangelização colonial. Talvez...

Encontro marcado na Samaria
Uma dívida a pagar
Poço entulhado, Sicar
Sentou-se ao poço, um homem

Veio ao poço, uma mulher
Pede água, tem sede
Homem judeu
Samaritana eu sou
Água da vida
Água trabalho

Água ... Marido
Adorar no templo
Adorar na Vida
A memória acorda
A identidade desperta
A cântaro esquecido
O passo ligeiro
Homem, Profeta, Cristo, Eu sou
Disse quem eu sou
Vinde, vede
O poço derrubado
Voltou a ser nascente
Nele, Nela em Nós
Na nascente a harmonia revive
Na nascente mulher-homem
Na nascente cara a cara
Na igualdade
Na reciprocidade
Na alteridade
Na relação
Mulher e homem poema Divino
Presença que abençoa
Abençoa a Luz
Abençoa a Vida

4

DOIS MODELOS DE MISSÃO: O DIÁLOGO DE GUADALUPE E O COLÓQUIO DOS DOZE

Gerardo Custodio López
Carlos Mongardi

Muito se tem dito que somos fruto de nosso tempo. Irradiamos em nós o que está no cume da cultura, da religião e de outros aspectos. Este capítulo apresenta duas formas diversas de ver uma atividade comum: a evangelização. Por um lado, a Igreja no século XVI reflete um estilo de ensinamento da religião, com base na "pureza" da linguagem, das palavras e termos que, segundo a mentalidade do tempo, todo mundo entenderia os raciocínios da mesma maneira. A doutrina e seu ensinamento tentavam comunicar verdades iguais para todos e pensavam, de fato, que todos deveriam entendê-las por igual. A Igreja teve este método por anos e foi aplicado por séculos pelos evangelizadores.

Por outro lado, os evangelhos refletem não uma doutrina, mas uma vivência, uma forma de expressar a fé em Deus, como o é a mensagem guadalupana. A Senhora do Céu não traz conceitos, mas vida, compaixão e amor para quem na vida cotidiana não está tanto para raciocínios, mas para restabelecer o sentido da vida. Os sábios astecas conseguiram ver em Guadalupe a resposta que esperavam, após o universo religioso deles ter sido derrubado. A Senhora do Céu deixa um ensinamento que vai além da doutrina do catecismo. Duas formas distintas, mas com o mesmo objetivo: que ao conhecermos Jesus, sejamos discípulos capazes de levar o evangelho ao mundo inteiro. Os dois métodos são evidenciados nas páginas a seguir.

A novidade e atualidade da evangelização do modelo guadalupano encontram-se nos emissores e nos destinatários, assim como na mensagem inculturada, que traz frutos evidentes para o povo. Essa realidade se nota na comparação de dois documentos: o *Nican Mopohua* de Antônio Valeriano[1], do ano de 1548, relata-se o encontro humano e místico entre um homem indígena, que representa a um povo e uma cultura dominada, mas ao mesmo tempo, apreciada pela Mãe celeste, compassiva, entretanto nos *Colóquios dos doze Apóstolos e os tlamatinime astecas*, obra de Frei Bernardino de Sahagún, do ano de 1564, relata-se o encontro ordenado por Hernán Cortez no ano de 1524, que na realidade mostra um processo de evangelização doutrinal com base no catecismo.

> A particularidade do Colóquio é associar intimamente os diálogos propriamente ditos com a exposição da doutrina cristã. O livro II, que contém o catecismo, apresenta-se como a continuação das conversas do livro I. Pode-se identificar com seguridade neste artifício a apresentação da habilidade de Sahagún. No espírito do monge, o texto dos colóquios deve servir à pastoral, deve poder ser usada para a conversão dos índios, dos quais na segunda metade do século XVI existem ainda muitos que vivem na infidelidade (DUVERGER, 1993, p. 52).

O texto reflete um método de evangelização totalmente centralizada, hierárquico e mais nitidamente "da doutrina cristã com que os doze frades de São Francisco, enviados pelo papa

[1] Nican Mopohua (que significa "Aqui é narrado") é o relato em náhuatl das aparições de Nossa Senhora de Guadalupe no México, que ocorreram na colina de Tepeyac, ao norte da Cidade do México. Nican Mopohua são as duas primeiras palavras da história de autoria do indígena Antônio Valeriano.

Adriano VI e pelo imperador Carlos V para converter aos índios da Nova Espanha" (DUVERGER, 1993, p. 53).

Com esse planeamento, estamos longe da evangelização proposta no diálogo de Nossa Senhora de Guadalupe, narrado no *Nican Mopohua,* que começa desde a periferia, desde a tremenda história dolorosa da conquista, desde o índio que se move em seu ambiente e na sua cultura, enfim quem se deve de converter é o próprio bispo.

Missão colonizadora e missão inculturada

Parece que, nos Colóquios, os indígenas são o pretexto de uma evangelização integrada dentro do processo de colonização espanhola, diversamente à mensagem guadalupana cheia de dignidade e libertação, como nosso estudo tenta demonstrar.

O Colóquio é planejado e ordenado por Hernán Cortés em 1524, ano da chegada dos doze franciscanos à Nova Espanha, por sua vez representa o planejamento oficial da evangelização da Igreja. Isso nos mostra por onde e como se pretendem levar adiante as conversões. Os doze frades, referem-se a sua tarefa, expondo a mentalidade própria da época:

> Eles têm poder concedido por Deus para encaminhar as almas ao céu a gozar da glória eterna, se não os seguem, se perderão e irão ao inferno a padecer tormentos eternos, como padecem todos vossos antepassados, por não ter tido ministros semelhantes a estes... e para que não aconteça com vocês o mesmo, para que por ignorância não sejam levados a onde foram vossos pais e avós, por isso, chegaram estes sacerdotes de Deus que vocês chamam de teopixques, para ensinar o caminho da salvação. Por tanto, tenham com eles muito carinho e reverência como guias de vossas almas, mensageiros do Alto Senhor e padres espirituais. Ouçam a doutrina deles, obedeçam no que vos aconselharem e mandarem, façam que todos os demais os respeitem e obedeçam, porque esta é a minha vontade, a do Imperador nosso senhor, a do próprio Deus por quem vivemos e somos, que a estas terras os enviou (DE MENDIETA, 1990, p. 212-213).

Por sua vez, a narrativa guadalupana manifesta uma mentalidade totalmente diversa. Não existe nenhuma exaltação aos evangelizadores estrangeiros, já que os protagonistas são a Mãe e o índio, não os sacerdotes, nem o bispo.

Também não existe alguma censura aos ancestrais em suas crenças, mas um resgate dos valores e símbolos, da flor e do canto, inclusive dos nomes como *nelli teotl* (verdadeiro Deus), com características da mesma tradição cristã: um Deus que dá a vida, que está próximo, como afirma-se nos diálogos no *Nican Mopohua*. Além disso, a própria figura de Nossa Mãe de Guadalupe manifesta a integração dos valores culturais nahuatl com as imagens de Deus.

De fato, ela está completamente vestida com símbolos divinos: o sol nas costas, o manto azul com as estrelas que representa a noite, o vestido rosa que representa o dia, além da lua preta aos pés. Trata-se de uma preciosa manifestação do *Ome teotl*, o deus dois ou dualidade: dia e noite, luz e escuridão, pai e mãe. Sem esquecer o importante sinal do *nahui ollín*, o quarto movimento, símbolo do Deus verdadeiro, que está no seio materno dela.

Trata-se de uma inculturação radical, simples e profunda, poder-se-ia falar de uma "in-religionização", que se apresenta como se fosse figura da religião asteca, aceitando os aspectos positivos, sem os negativos. Para evitar toda identificação com as divindades locais da morte, nunca se designa *Tonantzin* o Deus Nossa Mãe, venerada com sacrifícios humanos no próprio Tepeyac, mas apenas a sua mãe, a vossa mãe ou a mãe de Deus e de Jesus.

Uma evangelização com tinte dramático

Evidentemente, nos *Colóquios*, Sahagún não recolhe uma verdadeira conversa entre os franciscanos e os senhores indígenas. No entanto, pinta clarões no coração dos *tlamatinime* e os sábios nahuatl, da pouca sensibilidade dos missionários, incapazes de consentir uma mínima inculturação da mensagem cristã com os valores locais. Existem algumas vantagens nessa forma de apresentação:

> Primeiro, coloca o catecismo na perspectiva histórica; logo dá-lhe uma dimensão teológica ao comparar a religião cristã com a autóctone; finalmente, a forma dialogante o faz mais acessível, mais vivo; respira o humano no abstrato rigor do dogma; esse gênero dialogante presta-se à recitação dramática (DUVERGER, 1993, p. 52).

Também o *Nican Mopohua* tem uma síntese essencial no diálogo com os doze e a mensagem cristã em uma contextualização histórica, social e cultural mais concreta e humana, assim como a dimensão teológica, que não se apresenta como uma comparação, um enfrentamento ou um juízo da religião cristã sobre a cultura e religião asteca. Ao contrário, é um verdadeiro diálogo onde os interlocutores aceitam os valores comuns e diferentes, sem defender os aspectos negativos. O gênero dramático está muito mais claro no texto guadalupano, que pode ser representado, como alguns o têm feito, na forma da evangelização juvenil, como alguns documentos históricos têm proposto (DE MIER, 988).

Se poderia considerar o *Nican Mopohua* à altura das obras de teatro exemplar evangelizador de aqueles anos, como *O juízo final* de Andrés Olmos, *A conquista de Jerusalém* e *O sacrifício de Isaque,* são obras com participação de inumeráveis atores, com cantos, danças e músicas indígenas (DUVERGER, 1993, p. 165-166). Uma atitude totalmente oposta ao que é o encontro guadalupano, de aceitação, diálogo e certa flexibilidade dos representantes indígenas, ao que se respira nos *Colóquios:* fechamento, intolerância, negação de parte dos frades missionários.

O ponto de vista desde o qual estão escritos os *Colóquios* é a memória de um diálogo realizado no passado, seja de alguns interlocutores determinados, ou seja, de um estilo comum do tempo, entre duas culturas e duas religiões, com o grande obstáculo, em que cada grupo ignorava a língua do outro e precisava de um intérprete, que não sabemos até que ponto era competente. O ponto de partida dos escritos era o resultado alcançado, até esse momento, em que os argumentos dos frades já tinham convencido os sábios nahuatl. O texto deixa entrever muitas dúvidas e diferenças.

Missão hierárquica e missão material

Toda a apresentação e argumentação está no desenvolvimento do discurso dos frades, em que se destaca um verdadeiro monólogo, pois eles orientam as perguntas dos interlocutores locais, com o pressuposto, que estes estão no erro, têm reconhecido e a outra parte tem a verdade em tudo. Os missionários começam por reconhecer a própria finitude e a imortalidade humana como todos, porém eles são enviados a esta terra e têm a mensagem do grande senhor, com jurisdição divina sobre todos os que vivem no mundo, o qual se chama de Santo Padre, que vive preocupado pela salvação das almas (SAHAGÚN, 1993).

> Aqui está a mensagem. Saibam e entendam meus filhos que habitam nas Índias Ocidentais. Em dias passados chegou a mim a fama de vocês. Não deram a notícia de nosso muito amado filho, o imperador Carlos, Rei da Espanha, com estas palavras: Saiba, Vossa Santidade, pai nosso muito amado, que meus espanhóis tem descoberto uma terra muito grande, muito longe de nós para o Ocidente, cheia de habitantes, povos, reinos, os quais já são meus súbditos, peço a Vossa Santidade que mande predicadores que lhes ensinem a Palavra de Deus e os instruam na religião cristã (SAHAGÚN 1993, p. 63-64).

Essa apresentação mostra uma visão da missão evangelizadora, com a preocupação de uma hierarquia muito distante e burocrática, que se trata como pai e filho, mas não tira a distância, nem a relação entre autoridades estrangeiras e súbditos, claramente presentes nesse diálogo.

Do lado oposta está a narrativa guadalupana, que não parte de nenhuma autoridade humana, mas de uma voz que vem do céu e da palavra de uma mãe amável que se aproxima do filho. O diálogo se dá entre duas pessoas com a mesma fé, língua, sensibilidade e muito carinho. Não é enviada por um poder celeste ou terrestre, nem com a ordem de converter alguém, mas tudo surge, lá na colina, a partir dos cantos dos pássaros e da luz desde o oriente, dentro do coração do índio, que não sabe se está sonhando ou está na terra celeste dos antepassados (LEÓN-PORTILLA, 1975, n. 9-10).

Os doze predicadores, de acordo com os Colóquios, insistem em que "o Santo Padre está encarregado pelo verdadeiro Deus, que informa a todos quantos existam no mundo sobre quem ele é e para que o conheçam, sirvam-o e se salvem" (SAHAGÚN, 1993 p. 65). Logo se apresentam como juízes frente aos interlocutores que "não conhecem ao verdadeiro Deus por quem se vive... nem o temem", mas que o ofendem em muitas coisas, por isso tem incorrido na desgraça, e Deus está muito desgostado com eles (SAHAGÚN, 1993).

Por sua vez, algo maravilhoso, na experiência guadalupana, é a falta de todo julgamento, toda censura, desvalorização, ameaça e um trato mútuo entre nossa Mãe de Guadalupe e Juan Diego, no mesmo nível dos dois está a linguagem, o amor, o respeito, a confiança, o carinho e a alegria (LEÓN-PORTILLA, 1975, n. 23-24).

Perguntas desleais e perguntas afáveis

Nos colóquios, particularmente, são significativas as perguntas, que os Doze propõem na boca dos interlocutores nativos, sem lhes dar a oportunidade de se expressar com as próprias palavras. Questões que manifestam que estão no erro, enquanto os outros possuem a verdadeira resposta e a seguridade que tem sido aceita.

> Por ventura vocês dizem: esta Sagrada Escritura que nos devem predicar, quem a tem dado ao Grande Sacerdote que aqui os enviou? O verdadeiro Deus e Senhor de todas as coisas, faz muito tempo se apareceu e falou aos amigos, servos patriarcas, apóstolos e evangelistas dele. A estes revelou a doutrina sagrada e os mandou que a escrevessem para que aqui neste mundo fosse guardada (SAHAGÚN, 1993, p. 66).

Essas palavras divinas lhes viemos a predicar e ensinar a vocês e aos habitantes destas terras, "sabem que no mundo inteiro não existe doutrina, nem ensinamento algum, mediante os quais os homens possam ser salvos" (SAHAGÚN, 1993, p. 66).

Parece demasiado amplo o campo da doutrina da Sagrada Escritura, enquanto a origem e a finalidade, para ser conhecida em pouco tempo pelos destinatários e com traduções adequadas, que resultam impossíveis[2]. Além do mais, a crença de que seja a única doutrina mediante a qual as pessoas possam ser salvas, não poderia ser compreensível nem aceitável pelos interlocutores indígenas, como aparece no texto:

> Porventura vocês dizem: a vinda tem sido em vão porque nós bem conhecemos e temos por Deus, aquele por quem todos vivemos, lhe honramos, lhe veneramos, lhe adoramos, lhe festejamos (SAHAGÚN, 1993, p. 65-66).

A resposta é que têm adorado muitos deuses: estátuas de pedra e de madeira, que as têm por deuses, como se cada um fosse doador do ser, da vida e conservador dela, quando são enganadores, levianos, que solicitam o próprio sangue, os corações em oferenda e sacrifício: são inimigos assassinos e não deuses (SAHAGÚN, 1993, p. 67).

Poderíamos fazer longas reflexões sobre a identidade dos deuses nas religiões mesoamericanas e outras tradições religiosas, distinguindo a imagem do monoteísmo excludente – a crença de que pode e deve existir um único Deus – e de uma "monolatria" como prática de uma fé em um só Deus e a crença de que cada povo tem o próprio Deus – que ao parecer é a postura de grande parte do Antigo Testamento.

É fácil concluir que se trata do politeísmo, quando não são conhecidos os termos locais, por exemplo, os astecas apenas admitiam como Deus a *Ometeotl* (deus dual), enquanto todos

---

[2] Sobre as enormes dificuldades da tradução da Escritura ao Náuatl, tenho uma experiência pessoal, por ter colaborado na tradução do Novo Testamento a este idioma (MONGARDI).

os outros eram chamados *Tecuhtli* (senhor), inclusive o próprio sol. Pelo que abrange à idolatria, estamos acostumados a ver em toda reverência uma estátua como um falso culto, algo que não é divino, mas não esqueçamos que os católicos veneram imagens sem cair na idolatria, para não ficar no significante, mas fazendo referência ao significado[3].

Em referência à acusação de que as divindades alheias são puro engano e são homicidas, têm uma estranha semelhança com as dúvidas de que os pagãos gregos experimentavam com os primeiros apóstolos cristãos (1Ts 2,3-6). Após a destruição física e cultural das imagens espantáveis dos deuses locais e depois da negação verbal, os Doze proclamavam:

> O verdadeiro Deus universal, Senhor, criador, doador do ser e vida, que viemos a predicar, não é dá condição dos deuses de vocês. Não é enganador, nem mentiroso, não detesta, nem despreza a ninguém... é o abismo de todos os bens, totalmente amoroso, piedoso, misericordioso; no que mais claramente mostra sua infinita misericórdia, se fez homem, semelhante a nós, humilde e pobre como nós, morreu por nós e derramou o próprio sangue pela nossa redenção (SAHAGÚN, 1993, p. 67).

Não faz falta acrescentar nada a esta confissão do credo cristão, contudo está claro que a proclamação oral, junto com uma conduta oposta, agressiva e violenta dos conquistadores, não poderia ter muito êxito nas conversões. Muito diversa à prática e atitude de Nossa Senhora de Guadalupe, muito coerente com uma maravilhosa mensagem.

Estamos muitos anos luz de distância das perguntas eloquentes da guadalupana, cheias de infinita ternura:

> Acaso não estou, aqui eu que sou tua mãe?
> Acaso não estás sob minha sombra e proteção?
> Acaso não sou a fonte da alegria?
> Não estás em meu refúgio, em onde eu te protejo?
> Acaso tens necessidade alguma? (LEÓN-PORTILLA, 1975, n. 119).

[3] Em minha experiência entre os índios da Huasteca mexicana, lembro que propriamente não adoravam a estátua, mas que na festa do Totata Jesus (a estátua de Jesus na Paixão) de Tonantzin Guadalupe (a imagem de nossa Mãe) não se tratava de uma estátua material mas de uma pessoa viva (MONGARDI).

Escutar com empatia

Esperamos que não seja vista como inútil a apresentação completa do único discurso feito pelos *tlamatirime* astecas, que abarca o capítulo VII do livro de Sahagún do *Colóquio*. Transcrevemos o texto, por ser o único que tem um ar familiar com o estilo do *Nican Mopohua*, sobretudo, para o exercício da escuta, que é o secreto de toda evangelização cristã com espírito guadalupano, tão necessário hoje, muito mais que ontem.

> De onde, como
> vos dirigistes para cá
> do lugar de nossos senhores, da casa dos deuses?
> Porque no meio de nuvens, no meio da névoa,
> do interior da água imensa saístes.
> De vós faz olhos seus, de vós faz ouvidos seus,
> de vós faz lábios seus o Dono do perto e do junto.
>
> Aqui nós, de algum modo, vemos em forma humana,
> aqui como a um humano falamos,
> ao Dador da vida,
> ao que é noite, vento,
> porque vós sois sua imagem, seu representante.
>
> Por isto recolhemos, tomamos,
> seu alento, sua palavra, do Senhor Nosso,
> do Dono do perto e do junto,
> o que viestes trazer,
> do que no mundo, na terra, é senhor,
> o qual vos enviou por causa de nós.
>
> Por isso aqui nós estamos admirados,
> na verdade viestes trazer
> seu livro, sua pintura,
> a palavra celestial, a palavra divina.
>
> A E agora, o que, de que modo,
> o que será que diremos,
> elevaremos a vossos ouvidos?
> Somos acaso algo?
> Porque só somos macehualuchos (zé-povinho)
> somos terrosos, lodosos,
> raspados, miseráveis,
> enfermos, aflitos.

Porque o Senhor, o Senhor Nosso só nos emprestou
a ponta de sua esteira, a ponta de seu setial,
(onde) nos colocou.
Com um lábio, dois lábios respondemos,
devolvemos o alento, a palavra,
do Dono do perto e do junto.

Talvez só (vamos) a nossa perdição, a nossa destruição.
Ou acaso agimos com preguiça?
Aonde na verdade iremos?
Porque somos macehuales,

Somos perecedouros, somos mortais.
Que não morramos,
que não pereçamos,
embora nossos deuses estejam mortos[4].

Abrimos um apartado para seguir a tradução de Christian Duverger, porque convence mais essa explicação: "Nesse capítulo 7, os mexicanos insistem no dinamismo e no vigor das crenças. A interpretação 'derrotista' que, muitas vezes, se tem dado a este texto não parece bem fundamentada. Em todo caso, é contraditória com a afirmação dos dignitários locais ao fim da intervenção. Mostram-se os efeitos, que desejam conservar os deuses e a prática religiosa tradicional" (SAHAGÚN, 1993, p. 73).

Vós dissestes
que nós não conhecíamos
o Dono do perto e do junto,
aquele de quem são o céu, a terra.
Tendes dito
que não são verdadeiros deuses os nossos.
Nova palavra é esta

que falais
e por ela estamos perturbados,
por ela estamos espantados.

Porque nossos progenitores,
os que vieram ser, viver na terra,

[4] Não se segue, nesse ponto, a tradução que Miguel León-Portilla (1979, p. 323) pôs como célebre conclusão da Filosofia Nahuatl: "Não vacilaram em afirmar os tlamatinime, diante à imagem da cultura deles destruída: 'nos deixem morrer, nos deixem perecer, posto que nossos deuses morreram".

não falaram assim.
Na verdade eles nos deram
sua norma de vida,
consideravam como verdadeiros,
serviam,
reverenciavam aos deuses.
Eles nos ensinaram
todas as suas formas de culto,
seus modos de reverenciar (aos deuses).

Assim, diante deles aproximamos terra à boca [juramos],
nos sangramos,
pagamos nossas dívidas,
queimamos copal,
oferecemos sacrifícios.
Diziam (nossos progenitores):
que eles, os deuses, são por quem se vive,
que eles nos mereceram.
Como, onde? Quando ainda era noite (no princípio).5

E diziam (nossos ancestrais):
que eles (os deuses) nos dão
nosso sustento, nosso alimento,
tudo quanto se bebe, se come,
o que é nossa carne, o milho, o feijão,
os bredos, a chia.
É a eles que pedimos
a água, a chuva,
pelas quais são produzidas as coisas na terra.

Eles mesmos são ricos,
são felizes,
possuem as coisas, são donos delas,
de tal sorte que sempre, para sempre,
há germinação, há verdejar
em sua casa.

Onde, como? Em TIalocan,
ali nunca há fome,
não há enfermidade
nem pobreza.
Também eles dão às pessoas
a coragem, o mando,
fazer cativos na guerra, o adorno para os lábios,

[5] Essa fórmula nos pode remeter ao Ometeotl (Deus dual), que é o pai e a mãe, o dia e a noite, a revelação e o mistério. Miguel León- Portilla (1979, p. 134), recorda una frase de W. Lehmann: Estas palavras significam "nos tempos anteriores a toda idade, quando não existia ainda nada determinado".

aquilo que se ata, os bragueiros, as capas,
as flores, o tabaco,
os jades, as plumas finas,
os metais preciosos.

Quando, onde, foram invocados,
foram suplicados, foram considerados deuses,
foram reverenciados?
Isto já faz muito tempo,
foi lá em Tula,
foi lá em Huapalcalco,
foi lá em Xuchatlapan,
foi lá em Tlamohuanchan.
Também foi lá em Yohualichan.
Foi lá em Teotihuacan.

Porque eles, por todas as partes, no mundo,
lhes deram o fundamento
de sua esteira, de seu setial.
Eles deram
o domínio, o mando,
a glória, a fama.

E agora, nós
destruiremos
a antiga regra de vida?
A regra de vida dos chichimecas?
A regra de vida dos toltecas?
A regra de vida dos colhuacas?
A regra de vida dos tecpanecas?

Porque assim em nosso coração (sabemos)
a quem se deve a vida,
a quem se deve o nascer,
a quem se deve o crescer,
a quem se deve o se desenvolver.
Por isto (os deuses) são invocados,
são suplicados.

Senhores nossos,
não façais nada
a vossa cauda, vossa asa,
que lhe acarrete desgraça,
que a faça perecer.

Tranquila, pacificamente,
considerai, senhores nossos,
o que é necessário.

Não podemos estar tranquilos,
e certamente não seguiremos,
não consideramos isso verdade,
mesmo que vos ofendamos.

Aqui estão
os que estão encarregados da cidade,
os senhores, os que governam,
os que levam, têm às costas,
o mundo.
Já é bastante termos deixado,
termos perdido, nos ter sido tirado,
ter-nos sido impedido,
a esteira, o setial (o mando).
Se no mesmo lugar permanecemos,
provocaremos que (aos senhores) ponham na prisão.
Fazei conosco
o que quiserdes.
Isto é tudo o que respondemos,
o que contestamos
a vosso reverenciado alento,
a vossa reverenciada palavra,
ó senhores nossos. LEÓN-PORTILLA, 1979)[6].

Discernindo nosso modo de evangelizar

Procuramos caminhos de entendimento e de reconciliação, escutando a uns protagonistas que não estavam de acordo com a destruição de um sistema religioso e político, muito menos com a destruição de povos inteiros, como os indígenas latino-americanos. Fala-se muito do encontro entre dois mundos, quando, na realidade, foi apenas um enfrentamento a ferro e fogo, uma colonização que apagou os conquistados com o sistema político, econômico, social e cultural. Infelizmente, a evangelização foi instrumento de colonização e também de aculturação. Parte de um processo em que a cultura invasora, forte e violenta, acaba com a outra. Isso também ocorreu com a religião católica, na América do Sul, e com a religião protestante na América do Norte.

---

[6] Por estas páginas de LEÓN-PORTILLA (1979, p. 130-133), com umas mudanças tomados de DUVERGER (1993, p. 72-74). Para o português, SUESS (1992, p. 449-453).

Como testemunho contra as avalanches militares e culturais, lembramos dois exemplos: o *Colóquio dos Doze*, escutando aos vencidos, com a própria visão cultural e religiosa. Algumas expressões têm uma surpreendente semelhança com o discurso que Paulo fez aos pagãos de Listra: "Ao Deus vivo, que fez o céu, a terra, o mar e tudo quanto contém. Nas passadas idades ele deixou cada povo seguir o próprio caminho, mesmo que sempre se deixou conhecer pelos benefícios, mandando desde o céu estações férteis, chuvas e colheitas, dando comida e alegria em abundância" (At 14,15-18). Porque se tem destruído estes caminhos de Deus vivo e verdadeiro para anunciar aquele que é o Caminho, a Verdade e a Vida (Jo 14,6).

A narrativa guadalupana é o modelo de inculturação, de diálogo intercultural e inter-religioso, ausente na história da evangelização cristã. As indicações de se integrar na vida de um ambiente, sem separações, nem diferenças, mas na defesa dos valores da vida, do amor e da paz, como em um antiquíssimo documento (RUIZ-BUENO, 1985, p. 884-860). O espírito de aceitação, de confiança, de respeito do outro, da cultura e da tradição religiosa alheia, assim como foi realizado no encontro entre a revelação de nossa Mãe de Guadalupe, a vivência humana e histórica de Juan Diego, encontra-se plasmada nas palavras da recém-estabelecida Propaganda Fide, em 1659, para que os missionários representem os costumes e usos de cada lugar:

> Não fazer nenhum esforço, não usar nenhum meio de persuasão para induzir aqueles povos a modificar seus ritos, seus costumes habituais, a menos que não sejam abertamente contrários à religião e aos bons costumes. Que poderia ser mais absurdo que transladar a França, a Espanha, a Itália ou algum outro país europeu à China? Não é isso o que vocês devem introduzir, é a fé que não rejeita nem ofende os ritos e os costumes de cada povo, sempre que estes não sejam maldosos, apenas queira os salvaguardar e consolidar (BEVANS, SCHROEDER, 2009, p. 109).

A advertência, infelizmente, quase nunca foi levada em consideração. Algo mais absurdo tem sido o transladar as Igrejas da Europa e transplantá-las no mundo inteiro. Entretanto, em nossos dias, estamos em uma situação parecida aos dos indígenas nahuatl, em outras palavras, em uma cultura e estrutura eclesiástica ameaçada, quase devorada pela cultura tecnológico-informática e um sistema sem valores humanos, éticos-religiosos. É o mesmo tsunami que arrasta todas as culturas tradicionais e humanísticas, em partículas as culturas subalternas ou marginalizadas, que não têm pessoas nem deuses que as defendam.

Os ensinamentos e as novas experiências que encontramos na memória guadalupana são de relação familiar e hierárquica, sem a divisão de classes. No encontro de nossa Mãe de Guadalupe com Juan Diego respira-se uma afetividade acentuada, com as diversas formas de amor na família: o amor materno e paterno, o amor filial, o amor fraternal. Embora não se recorde a família do próprio Juan Diego como a esposa Lúcia e os três filhos ou filhas dele, aparecem as diversas expressões nas relações de Maria como mãe de Juan Diego, nos devotos que acudiram ao templo dela, de Deus e de Jesus Cristo. O respeito, o carinho, a ternura, o amor são tão grandes e mútuos aos protagonistas, no mesmo nível de afetividade e de alegria.

Não é necessário lembrar que os modelos de divisão de classes, proclamados como naturais e universais pelo antigo filósofo grego Aristóteles, não desapareceram, apenas se transformaram e seguem com a mesma discriminação, injustiça, desumanização: a superioridade dos homens livres diz respeito aos escravos, a superioridade dos varões diz respeito às mulheres e a superioridade dos gregos sobre os bárbaros.

Infelizmente, as classes, as castas, com as diversas descriminações, não têm faltado nas tradições religiosas, inclusive no próprio cristianismo. Um exemplo bem claro aparece na narrativa guadalupana, em que o bispo está no palácio, com os servos, com os privilégios, com os direitos e o pobre índio apenas o deixaram entrar para ser escutado e comunicar as ordens da Senhora do Céu. Contudo, consegue-se inverter a pirâmide hierárquica do bispo estar acima, do varão estar no meio e da mulher estar abaixo. De fato, o bispo acaba se ajoelhando diante da imagem do amor da mãe-menina que se estampa no manto e no coração do filho mensageiro Juan Diego.

Fundamentalmente, essas eternas novidades seguem ausentes e proibidas para os poderes atuais, pelos sistemas e as infinitas ferramentas, incapazes de criar uma afetividade familiar, uma inter-relação mútua, livre de compaixão e dignidade, são o legado de nossa Mãe de Guadalupe, como caminho de toda missão e como esperança para o futuro da humanidade.

Conclusão

Queremos, a este ponto, compartilhar um sonho que é obsessão: em nossa época não é mais possível uma missão ou evangelização dos povos a partir de uma estrutura hierárquica e de um movimento centralizador. Somente a luz da verdade, do amor materno e misericordioso de Deus podem brotar da comunidade local, com a própria identidade cristã, o impulso missionário em compartilhar a nova vida das relações afetivas próprias de uma família[7]. Estamos convencidos de que as primeiras igrejas cristãs locais encontraram a própria identidade a partir do anúncio semelhante ao de nossa Mãe de Guadalupe, que o quer compartilhar com todos, sem descriminação, nem divisão de classes ou castas, nem poderes hierárquicos. Desta maneira também, nasceram os livros do Novo Testamento, que irradiam as diferentes experiências da memória de Cristo e da fraternidade que se pode realizar a partir da fé na Palavra dele.

Como Igreja missionária, também somos filhos de nosso tempo. Tivemos uma forma de fazer missão que foi comum, sem importar o país ou destinatário. Isso aconteceu, de maneira especial, antes do Concílio Vaticano II. Após a renovação entraram elementos novos que deram uma peculiaridade à missão, como a importância da cultura e língua local.

---

[7] Carlos Mongardi tem um amplo trabalho sobre a missão inculturada com o título: Nuestra Madre de Guadalupe, aurora de la humanidad. Estudio histórico-cultural y bíblico-misionero.

Na América Latina, também se viveu essa mudança no processo missionário. Se no começo se esteve mais próximo do sistema antigo, onde a disciplina, a implantação do modelo próprio da Europa para com este continente, onde existia pouca sensibilidade pelas coisas locais e pelos costumes, observados com receio e desconfiança, aos poucos foi-se fazendo o esforço para entrar no mundo religioso do povo mexicano.

A fé em Maria de Guadalupe tem sido decisiva para cair, como o bispo Zumarraga, na atitude de adaptação das propostas manifestas no *Nican Mopohua*. O que antes olhava-se como duvidoso, agora se vai assimilando com certa naturalidade. O mesmo contato com o povo tem feito possível uma pastoral mais encarnada na pessoa e na realidade.

Ainda falta muito por percorrer. A aproximação para com os leigos também não está bem clara. Levamos no sangue o sentido de superioridade, de mestres, de centralizar, de possuir a verdade e ensinar sem sermos questionados. A guadalupana tem muito que dizermos diante destas atitudes. Se vivemos no meio de uma sociedade governada pela iniquidade e injustiça, no sistema absolutista, é porque ainda não entendemos a mensagem da Mãe do Céu, que quer uma casa onde podemos viver, não obstante as deferências, como povo que segue a Jesus Cristo na realização do Reino, que ainda não foi realizado plenamente.

Bibliografia

BEVANS, SCHROEDER. *Teología para la misión hoy*. México: Estella, 2009.

DE MENDIETA. *Historia Eclesiástica Indiana*, México: Porrúa, 1990.

DE MIER. *Ideario Político*. México: Biblioteca Ayacucho, 1988.

DUVERGER, C. *La conversión de los indios de Nueva España*, México: FCE, 1993.

LEÓN-PORTILLA. *La Filosofía Náhuatl*, México: UNAM, 1979.

LEÓN-PORTILLA. *Nican Mopohua*. Versión en náhuatl y en español. México: UNAM, 1979.

MONGARDI. *Nuestra Madre de Guadalupe, aurora de la humanidad*. Estudio histórico-cultural y bíblico-misionero. Texto dactilografiado.

RUIZ-BUENO. Discurso a Diogneto. In *Padres Apostólicos*, Madrid: BAC, 1985.

SAHAGÚN, Colloquios y Doctrina Cristiana de los Doce Frailes de san Francisco, in DUVERGER. *La conversión de los indios de Nueva España*, México: FCE, 1993.

SUESS, Paulo (coord.). A Conquista Espiritual da América Espanhola. Petrópolis: Vozes, 1992.

PARTE 2
DESAFIOS DA MISSÃO

5

A QUESTÃO SALVÍFICA NO PARADIGMA DO PLURALISMO RELIGIOSO

Rafael Lopez Villasenor

Introdução

Ao longo da história do cristianismo, houve o questionamento se os que não conhecem a Jesus Cristo e estão fora da Igreja alcançam a salvação? Se as outras religiões também são viés de salvação? Sempre houve diversas posições, predominando uma visão exclusivista, que acreditava que a Igreja católica era a única depositária da graça e da salvação. Entretanto, na modernidade, o contato dos missionários com outros povos ajudou no desenvolvimento, além da soteriologia clássica eclesiocêntrica, as teologias cristocêntrica e teocêntrica, com categorias não apenas ocidentais, na tentativa de dar uma resposta mais ampla à questão salvífica. O texto reflete o tema da salvação, a partir do pluralismo religioso.

Para as Congregações Missionárias *Ad-Gentes* o paradigma salvífico é de suma importância, com o carisma específico do anúncio do Evangelho fora do ambiente, cultura e Igreja de origem. Como filhos do tempo, durante muitos anos os missionários trabalhavam dentro do protótipo da *"plantatio Ecclesiae"*, que visava a expansão geográfica e religiosa, com uma missão, de acordo com a época, eurocêntrica colonialista;

adotando o axioma clássico de São Cipriano *extra ecclesiam nulla salus* (fora da Igreja não há salvação). No século XIX e começo do XX, a conquista missionária coincidia com a expansão colonial.

O nosso texto tem como ponto de partida a reflexão da questão da salvação, a partir do pluralismo religioso. "A teologia da missão é intimamente dependente duma teologia da salvação" (GEFFRÉ, 2013, p. 304). Será que é possível considerar os outros povos como parte da eleição divina? Para poder responder às questões, nosso artigo analisa a visão tripartite da teologia pluralista: eclesiocêntrica, cristocêntrica e teocêntrica. Igualmente, a teologia do pluralismo religioso tenta ser uma teologia decolonial, no sentido que busca levar ao exercício teológico usando outras categorias, que estão além do pensamento ocidental dominador, de aprender a desaprender e a reaprender (CUNHA, 2018, p. 309). Embora as categorias da teologia do pluralismo religioso também tenham nascido dentro do pensamento europeu.

1. A salvação nas outras religiões em questão

Durante muitos séculos a problemática principal para a Igreja e para a teologia foi a questão salvífica dos outros povos em Jesus Cristo. A partir da afirmação da fé, segundo a qual Jesus é o salvador universal, a questão era se a salvação seria possível pelos outros ou não. A resposta tentou-se dar com o axioma *extra ecclesiam nulla salus*, que a partir do século V, fez parte dos pronunciamentos oficiais da Igreja. Do mesmo modo, os missionários da modernidade do século XVI até finais do século XX, tinham muito claro que todo aquele que não tivesse chegado à fé explícita em Jesus Cristo não poderia ser salvo de forma alguma (cf. DUPUIS, 2004, p. 19-20).

O Cristianismo sempre teve a pretensão de ser a única via verdadeira de salvação, que leva o ser humano à justificação perante Deus. A Igreja, ao longo dos séculos, sempre reivindicou a universalidade, que só pertence a Cristo. Há que evitar identificar a universalidade de Cristo com a do cristianismo. Os cristãos na Igreja não são os proprietários nem de Deus, nem da Salvação, são apenas testemunhas do Reino de Deus (GEFFRÉ, 2013, p. 275).

Tradicionalmente, a teologia usou o método dogmático dedutivo, a partir do conteúdo doutrinal, deixando de lado a realidade concreta. Compreendemos que toda visão teológica é limitada, porque o teólogo faz teologia enraizado na fé de uma religião, em um contexto social e humano próprio da época, mas se permanece somente ali não estará à "altura daquilo que seu trabalho exige dele. Não estará fazendo teologia no mundo, neste mundo pluralista de hoje; não estará perseguindo a verdade que inclui, mas a que exclui a outros" (KNITTER, 1985, p. 224). Os conteúdos revelados da fé são transmitidos por sujeitos contextualizados. Não há uma teologia desenraizada da realidade concreta. É produto humano, unido aos paradigmas da época.

Historicamente, desde que o cristianismo se tornou a religião lícita do império romano, sendo a religião do estado no século IV, desenvolveu uma atitude egocêntrica, fazendo uma avaliação negativa das outras religiões a partir da própria crença. A Igreja foi considerada a única "arca da salvação", fora da qual a humanidade se perdia. Inclusive, ainda hoje se fala dos 'pagãos', dos 'infiéis' ou dos 'não cristãos'. Se veem outras religiões como manifestações humanas e idolátricas. A própria palavra "não cristãos" não é adequada, porque nós também somos os 'não hindus' os 'não budistas'. Devemos chamar as pessoas a partir da autocompreensão, não a partir da compreensão alheia, com frequência preconceituosa (DUPUIS, 2004, p. 23). De qualquer maneira, falar da Salvação para os "não cristãos", fora da igreja, sempre foi uma situação desafiadora, já que a teologia cristã pensa o cristianismo como o meio universal da salvação. "As vias de salvação são predispostas por Deus e não pelos próprios seres humanos" (DUPUIS, 2004, p. 213), portanto, seria melhor falar que "fora do mundo não há salvação".

Para responder à questão salvífica, a teologia cristã adotou uma visão tripartite: eclesiocêntrica, cristocêntrica e teocêntrica. Paralelamente, criaram-se três posições de base, denominadas respectivamente: exclusivismo, inclusivismo e pluralismo (TEIXEIRA, 1999, p. 591-592). Ao longo do desenvolvimento teológico passou-se do eclesiocentrismo para o cristocentrismo. Porém tanto o exclusivismo como o inclusivismo foram, por natureza, contrários ao pluralismo religioso. Este era tido implicitamente como uma realidade pecaminosa, negativa, contrária à vontade e ao plano de Deus (VIGIL, 2007, p. 35). O paradigma inclusivista e cristocêntrico têm sido, normalmente, o mais seguido pelos teólogos de tradição cristã. Estes três paradigmas são três formas diferentes de conceber a salvação, a relação entre as religiões e, portanto, três maneiras de fazer teologia (VIGIL, 2007, p. 34).

A necessidade da Igreja na ordem de salvação é afirmada pelo Concílio Vaticano II, através das expressões: “sacramento universal de salvação” (LG, 48) “sinal é instrumento de salvação”. Portanto, Deus quer que toda a humanidade seja salva e chegue ao conhecimento da verdade. A encíclica *Redemptoris Missio* (n. 18) também o expressa bem claramente, é o primeiro documento oficial do magistério central a distinguir nitidamente que o Reino de Deus é uma realidade mais ampla que a Igreja, na realidade universal da salvação (DUPUIS, 2004, p. 268).

O teólogo Karl Rahner (cf. 1989, p. 360-377), para defender a salvação universal, desenvolveu a teoria dos cristãos anônimos, que seria uma realidade fragmentária, incompleta, radicalmente deficiente. Nutre em si dinâmicas que o impulsionam a aderir ao cristianismo explícito. Em outras palavras, a salvação em Jesus Cristo é acessível às pessoas humanas, em qualquer situação em que se encontrarem, ao se abrirem de alguma maneira recôndita à autocomunicação de Deus, que atinge o ápice em Jesus Cristo (DUPUIS, 2004, p. 83). A partir desta posição, a missão cristã não seria introduzir Cristo, mas fazê-lo emergir e manifestá-lo. Enfim, “não é a religião que salva; é Deus o único Salvador. Todas as religiões participam da salvação de Deus, cada uma por si mesma e a seu modo" (DUPUIS, 2004, p. 231).

Com a chegada da modernidade, as religiões se abriram aos poucos, ao reconhecimento positivo umas das outras, que se tornou, hoje, um critério de legitimidade e respeito mútuo. De fato, no Ocidente cristão, a abertura ao outro, em grande parte imposta pelas condições históricas, deu origem ao ecumenismo e ao diálogo, exigência do pluralismo religioso no âmbito das Igrejas cristãs. Assim como no caso do diálogo inter-religioso, a construção da unidade no cristianismo tem como pressuposto o reconhecimento da legitimidade das diversas denominações cristãs.

2. A teologia eclesiocêntrica e as religiões

Desde os primórdios da Igreja existiu o axioma teológico *extra ecclesiam nulla salus*, que mostra a postura clássica eclesiocêntrica e exclusivista, que remonta a Cipriano de Cartago, no ano de 258, que visava os hereges e cismáticos cristãos, não as outras religiões. No século XIV, esta teologia foi retomada pelo papa Bonifácio VIII, na bula *Unanam Sanctam*, de 18 de novembro de 1302, "Fora desta Igreja Católica não há nem salvação, nem remissão dos pecados" e "é absolutamente necessário para a salvação, toda criatura humana sujeitar-se ao pontífice romano" (LIRA, 2017, p. 53). Posteriormente, foi incluído no Concílio de Florença de 1442. Reafirmada pelos cânones do Concílio de Trento contra a Reforma Protestante de Lutero. Essa teologia foi usada para manter a hegemonia católica, para condenar as outras religiões e igrejas e para afastar dos fiéis o perigo da migração para outras Igrejas ou religiões.

A partir da "descoberta" do "novo mundo", em 1492, começou a entrar em crise o eclesiocentrismo, os teólogos e missionários começaram a desenvolver diversas teorias da fé implícita, como o batismo de desejo, que o Concílio de Trento confirmou.

Nos anos que se seguiram, o papa Pio IX (1846-1878) publicou, no ano de 1864, a encíclica *Quanta Cura com o Syllabus*, a mais polêmica do longo pontificado, que contém oitenta pontos sobre os principais erros modernos da época. O texto condena todos os erros referentes à fé, aos inimigos da Igreja, à liberdade de culto e de consciência. Um apêndice da encíclica *Quanta Cura*, que acompanhava o *Syllabus,* repetiu: "Não há salvação fora da Igreja de Deus e esta é a católica" porque "a Igreja Católica é a única verdadeira religião". Portanto, segundo esta teologia, todos os que estão e vivem fora da Igreja vivem em uma situação de precariedade espiritual e logo serão condenados. A Igreja Católica seria aquela que possui todos os meios para oferecer, com segurança, as vias da "salvação". Seguindo o raciocínio, as pessoas que não estão integradas à Igreja Católica estão apartadas da graça da "salvação" e da vida divina. Logo, existe a impossibilidade da "salvação" para todos os não católicos. A partir de aqui podemos entender a missão colonizadora que, muitas vezes, se empenhava apenas em batizar, sem receber o primeiro anúncio.

O papa Pio X (1903-1914) publicou o *Catecismo Maior* em 15 de julho de 1905. Um escrito didático, com perguntas e respostas sobre as verdades e os dogmas católicos, com referência à exclusividade da salvação dentro da Igreja Católica. Ainda a encíclica "*Pascendi Dominici Gregis*" sobre o modernismo, publicada no dia 08 de setembro de 1907, Pio X condena as teses modernistas e vê as outras religiões como idolátricas e falsas. O papa Pio XII chamou o axioma de 'dogma' da Igreja. A visão rígida da teologia do axioma "*extra ecclesiam nulla salus*" mostra a convicção da superioridade da cultura religiosa ocidental eurocêntrica da fé católica sobre as demais. A Igreja Católica com está visão deveria batizar, dar os sacramentos a toda a humanidade, condenar as outras igrejas e religiões, consideradas como falsas, pagãs e inferiores, surgindo um forte eurocentrismo e colonialismo ocidental.

Dentro desta teologia, a ação missionária evangelizadora tinha na base a visão colonialista eurocêntrica e exclusivista, criando os sinais visíveis da Igreja através da *"plantatio Ecclesiae"*, com a expansão geográfica, sendo um braço do colonialismo, com um cristianismo eurocêntrico conquistador, entre a cruz e a espada. Infelizmente, a missão era parte da expansão do colonialismo europeu no resto do mundo, com uma perspectiva eurocêntrica do conhecimento, da teologia e da elaboração teórica da ideia de raça, nas relações coloniais de dominação, entre europeus e não europeus. Os povos conquistados e dominados eram vistos e postos em uma inferioridade natural.

Portanto, o exclusivismo religioso realça e destaca a confissão da própria fé ou a afirmação da posição religiosa pessoal, exclui a possibilidade de que qualquer outra religião compartilhe a verdade e o acesso à transcendência de forma igual. As outras tradições são vistas com diversos graus de erro e de confusão. Tal exclusivismo pode ser absoluto quando as outras tradições são vistas sob o poder do mal ou vinculadas ao erro. Quando se é menos categórico se reconhecem alguns elementos de verdade e valor fora da própria religião, mas se mantém a afirmação de que só a própria religião possui a verdade integral. Assim sendo, esta teologia apresenta um pensamento eurocêntrico colonialista.

A posição teológica eclesiocêntrica foi hegemônica até o Concílio Vaticano II, quando se abriu o caminho para o diálogo com outras Igrejas e Religiões. Segundo o modelo tradicional, só há salvação se há reconhecimento explícito de Jesus Cristo e incorporação sacramental à Igreja Católica, sua unicidade e universalidade salvífica. Porém na prática essa teologia foi relativizada ao aceitar o batismo de desejo, admitindo-se inclusive que esse desejo fosse somente implícito (BRIGHENTI, 2001, p. 278).

Até hoje, o catolicismo, ainda, autodefine-se por alguns setores como a única religião depositária da verdade absoluta e da salvação, com caráter de validade exclusiva universal, para todos os tempos e povos, para todos aqueles que não pertencem a ela estão no erro e na ignorância religiosa. Esta visão eurocêntrica colonialista aparece, ainda no começo do século XXI, no Decreto *Dominus Iesus* (DI), que vê a "continuidade histórica entre a Igreja fundada por Cristo e a Igreja Católica". Afirma a tese clássica que somente na Igreja católica se dá em plenitude a essência da Igreja de Cristo (cf. DI, 16). A declaração reitera a questão da unicidade e unidade da Igreja católica, de sua indissolúvel relação com o Reino de Deus e sua condição de única religião verdadeira. Há uma ênfase na centralidade da Igreja com uma crítica às concepções teológicas que acentuam o reinocentrismo. "No campo da relação da Igreja católica com as outras tradições religiosas, o pêndulo recai sobre a afirmação da necessidade da Igreja para a salvação" (TEIXEIRA, 2000, p. 882).

3. O Cristo centrismo e a salvação universal

O inclusivismo tem uma visão positiva com relação às outras religiões, crenças e reconhece nelas a mediação salvífica, embora de maneira deficiente e incompleta. José Maria Vigil (2007, p. 40) acredita que entre o exclusivismo e o inclusivismo há muito em comum; o inclusivismo não deixa de ser um exclusivismo moderado, porquanto tolera as outras religiões e admite nelas alguma presença da salvação. Entretanto, continua mantendo o exclusivismo e privilegiando a Igreja Católica no escalão dos bens salvíficos. Assim, as religiões do mundo são caminhos de salvação, mas enquanto têm implícita a salvação de Jesus Cristo. Esta posição vincula a dinâmica da salvação presente nas outras religiões à ação do Espírito de Cristo e, por esse motivo, define-se como cristocêntrica. Aceita que a salvação aconteça nas outras religiões, mas nega-lhes uma autonomia salvífica, devido à unicidade e universalidade da salvação de Jesus Cristo (TEIXEIRA, 1995, p. 44-45). De acordo com essa teologia, o Cristianismo é visto como presente em todas as religiões. Todas as religiões não cristãs vão ao encontro do Cristianismo, mesmo sem o saber. Elas contêm de forma parcial os ensinamentos divinos que se tornaram visíveis em Jesus Cristo. Segundo o teólogo Jacques Dupuis (2004, p. 109), a perspectiva do inclusivista cristocêntrico é a mais adotada na Igreja e entre os teólogos católicos, embora contemple em seu mesmo horizonte cristocêntrico posições diversas e mesmo contrastantes. Adota-se no cristianismo, tanto católico como protestante, o inclusivismo como posição majoritária (VIGIL 2006, p. 81).

Na teologia do inclusivismo há uma primeira posição chamada "**teoria de acabamento ou cumprimento**", segundo a qual os valores positivos das religiões não cristãs são explicitamente reconhecidos, mas são destinados a encontrar seu acabamento no cristianismo, em outras palavras: "Cristo leva ao acabamento os valores positivos dos quais as outras religiões já podem ser portadoras" (GEFFRÉ, 2013, p. 326). As diversas religiões da humanidade representam a aspiração inata no homem à união com o divino, aspiração humana e universal que encontra sua resposta em Jesus Cristo e no Cristianismo. Todas as religiões seriam "religiões naturais", só o cristianismo seria "religião sobrenatural" e revelada (cf. TEIXEIRA, 1995, p. 45-46). Essa posição eurocêntrica encontra ressonância nos documentos do Magistério atual como na Declaração *Nostra Aetate*, no Decreto *Ad Gentes,* na encíclica *Redemptoris Missio* (RM) de João Paulo II. Logo, as religiões em uma perspectiva de não acabamento, a Igreja jamais se pode identificar com o Reino de Deus presente no mundo, mas é chamada a dar testemunho da presença do Reino por meio do anúncio do Evangelho do Cristo Ressuscitado. É chamada, inclusive, a discernir no Evangelho os valores evangélicos presentes no caminho religioso da humanidade e nas tradições religiosas de todos os povos (DEPUIS, 2004, p. 61).

Uma segunda posição seria a do Teólogo Karl Rahner, "**teoria da presença de Cristo nas religiões ou nos cristãos anônimos**". Conforme esta teologia, as diversas tradições religiosas da humanidade são portadoras de valores soteriológicos positivos para com seus membros, pois neles e através deles manifesta-se a presença operativa de Jesus Cristo e de seu ministério salvífico. O que pressupõe a vontade salvífica universal de Deus, realmente eficaz e sobrenatural. Portanto, Jesus Cristo está presente e age nas religiões não cristãs (RAHNER, 1989, p. 366-377). Neste sentido, em razão destas tradições religiosas com o mistério de Jesus Cristo não podem ser consideradas "religiões naturais" (TEIXEIRA, 1995, p. 47). Os membros das outras religiões seriam "cristãos anônimos". Seriam cristãos inconscientes (cf. DUPUIS, 2004, p. 82-87). Em razão deste pensamento, haveria que se encontrar uma forma de fazer com que todos os seres humanos se tornem membros da Igreja. Assim, o cristianismo se apresenta na história como a religião instituída pela autorrevelação de Deus, no Verbo feito carne. A fé do cristão assegura que Jesus Cristo é o portador da salvação para todo o gênero humano (HACKMANN & POZZO, 2007, p. 382).

O "cristianismo anônimo" significa que a ação salvífica atinge as pessoas por intermédio da tradição religiosa a que pertencem e não meramente por uma ação invisível do Cristo Ressuscitado. Há, portanto, um cristianismo anônimo e implícito e um cristianismo explícito. A designação "cristãos anônimos" não deve ser entendida como uma tentativa desesperada de trazer para a Igreja tudo o que é bom e humano, em um tempo em que a fé cristã progressivamente desaparece. O cristianismo anônimo não dispensa a atividade missionária do anúncio do Evangelho. A perspectiva da teologia inclusivista está plenamente contemplada na noção de "cristianismo anônimo", que afirma que todos aqueles que não receberam o Evangelho, sem culpa alguma podem conseguir a salvação eterna. O cristianismo, por sua característica universal, está implicitamente, ou anonimamente, presente em todas as partes do globo, onde há pessoas humanas abertas ao transcendente ou ao influxo da única graça de Deus oferecida a todos e a todas, isto é, a graça de Cristo (HACKMANN & POZZO, 2007, p. 387-389). A teoria da teologia dos "cristãos anônimos" provocou divisões e críticas entre os teólogos e desconforto em alguns ambientes eclesiásticos.

Na mesma posição está a teologia das "**Sementes do Verbo**", de São Justino, mártir do II século. Segundo esta visão, a manifestação de Deus se dá mediante o Verbo (*Logos*), que não está limitada à economia cristã. Ela se deu, antes da encarnação do Verbo entre os judeus e os gregos: onde quer que tenha havido pessoas que viveram segundo o Verbo, merecem o nome de cristãos. Uma semente do *Logos* encontra-se em cada pessoa, pois o "*Logos semeador*" semeia em todos. Portanto o cristianismo existiria anteriormente à sua aparição histórica, o trabalho dos missionários seria apenas fazer brotar as "Sementes do Verbo" e convertê-las em árvores do cristianismo. Em outras palavras, as culturas teriam apenas as "Sementes do Verbo" e o cristianismo seria a árvore, a totalidade e plenitude da revelação divina. Santo Irineu revelou sua teologia da história em torno do "*Logos*" revelado (cf. DUPUIS, 2004, p. 192-196). Contudo, o "*Logos*" de Deus semeou as sementes através de toda a história da humanidade e continua a semeá-las fora mediação cristã.

O Concílio Vaticano II retoma a ideia no decreto "*Ad gentes*", ao afirmar que se deve "descobrir com alegria e respeito as 'Sementes do Verbo' escondidas" nas tradições nacionais e religiosas e, mediante um diálogo sincero, descobrir "que riquezas Deus, em sua munificência, deu aos povos" (AG, 11). O Concílio jamais esclarece em que sentido devem ser entendidas as "Sementes do Verbo". Segundo a visão do "Cristianismo anônimo", este é vivido pelos membros de outras tradições religiosas na prática sincera de suas próprias tradições. A salvação cristã os atinge, anonimamente, por meio dessas tradições. (DUPUIS, 2004, p. 82). Quer dizer que, a salvação trazida por Jesus Cristo é acessível a todas as pessoas humanas, em qualquer situação histórica e religiosa, na medida em que se abrem à autocomunicação de Deus, que possui seu ápice em Jesus Cristo. As "Sementes do Verbo" são aprofundadas e completadas pela mensagem cristã, que proclama a fraternidade universal e defende a justiça através do diálogo[1].

A terceira visão da **teologia inclusivista,** denominada "**inclusivismo aberto**", é dos teólogos Jacques Dupuis, Claude Greffré e Edward Schillebeeckx, que consiste em buscar responder positivamente ao desafio da diversidade das religiões para o cristianismo, sem romper com o inclusivismo teológico, mas aceitando a interlocução fecundante do pluralismo (TEIXEIRA, 1999, p. 593). Deus é amor que se oferece à liberdade humana. Essa postura é aplicada não somente aos membros de outras tradições religiosas, mas igualmente aos ateus desde que estes não tenham agido contra sua consciência moral (cf. TEIXEIRA, 1995, p. 52). Ninguém é excluído do mistério do Amor de Deus. A salvação é universal. Toda a humanidade está incluída na salvação de Cristo. A Igreja, as Igrejas cristãs são pequenas minorias. Cristo preenche não só a Igreja, mas outras religiões também (cf. VIGIL, 2006, p. 79). Porém a Igreja na pretensão universal deve adotar as causas universais da humanidade como a luta pela justiça, a defesa e promoção dos direitos humanos, salvaguardar a criação, o respeito à vida, a opção pelos pobres (GEFFRÉ, 2013, p. 335). Esta posição tem sido acusada de relativismo por parte da Igreja oficial de Roma, como na declaração *Dominus Iesus*.

4. O teocentrismo diante ao pluralismo religioso

Esta visão teológica não aceita a reivindicação do cristianismo com "religião superior e perfeita", mas busca descobrir os vários caminhos para com Deus (TAMAYO, 2017, p. 191). É uma teologia que parte da realidade pluralista religiosa, propõe o diálogo entre as religiões e espiritualidades, desde a perspectiva

[1] Lembramos as figuras de missionários nas Américas, como Bartolomeu de Las Casas, Frei Antônio de Montesinos, Vasco de Queiroga, João del Valle, Julião Garcés, José de Anchieta, Manuel da Nóbrega, e de tantos outros, que dedicaram a vida aos povos indígenas respeitando e dialogando com a cultura local.

das vítimas no horizonte da liberação. É uma teologia decolonial que questiona o eurocentrismo a partir da colonialidade religiosa e teológica, como inerente à teologia moderna colonial, busca recuperar as identidades religiosas e culturais, negadas por dita teologia (TAMAYO, 2017, p. 61). Neste sentido, os teólogos pluralistas propõem um teocentrismo, segundo o qual o cristianismo deixa de ser o "único e exclusivo meio de salvação", as religiões não cristãs aparecem como instâncias legítimas e autônomas de salvação, como religiões verdadeiras. O centro seria Deus e não só Jesus Cristo (TEIXEIRA, 1995, p. 58-59). Este modelo sustenta que Cristo é o caminho, mas não o único caminho para chegar a Deus. Cristo não é o único mediador. A salvação não necessariamente tem de passar pela Igreja ou por Cristo. Outras mediações seriam mediações em si, sem a necessidade de passar, ainda que implicitamente, por Cristo. As religiões seriam mediações em si, de salvação, e o cristianismo seria também uma religião com essas características.

Para esta visão teológica, não é a religião que salva; é Deus o único Salvador. Todas as religiões participam da salvação de Deus, cada uma por si mesma e a seu modo. Não há uma religião que esteja no centro do universo religioso. No centro está somente Deus, as religiões giram em torno de Deus (VIGIL, 2006, p. 64). "Há vários rios que correm para o mesmo oceano" (DUPUIS, 2004, p. 231). A ideia principal é Deus que se faz presente na história das culturas humanas e nas diversas tradições religiosas. "Nenhuma religião é meramente natural. Em toda religião se encontra, historicamente, uma intervenção divina na história das nações e se reconhece uma presença existencial do mistério da salvação em Jesus Cristo" (DUPUIS, 2004, p. 73). O próprio Concílio Vaticano II, na Declaração *Nostra Aetate* (n. 2), afirma: "A Igreja nada rejeita do que é verdadeiro e santo nas religiões", fazendo um valor positivo sobre as religiões não cristãs, mas sem serem consideradas "vias de salvação" e evitou pronunciar um julgamento sobre o pluralismo religioso (GEFFRÉ, 2013 p. 49).

Há várias posições dentro da teologia, desde a que afirma que Jesus Cristo não é considerado constitutivo nem normativo da salvação, até uma forma moderada que resguarda o caráter normativo de Jesus Cristo, mesmo abandonando seu traço soteriológico constitutivo e universal (DEPUIS, 2004, p. 109-111). A corrente teológica, que tem como principal representante o teólogo evangélico John Hicck, sem ser exclusivista ou inclusivista, acredita em uma unicidade revelada de Jesus. Jesus vem se afirmando como único, mas de uma unicidade caracterizada por sua capacidade de incluir e ser incluído com outros personagens religiosos únicos. Sem Jesus não faltaria a graça de Deus e sim a manifestação decisiva dela (TEIXEIRA, 1995, p. 63). Uma outra visão da teologia pluralista mais moderada considera o modelo teocêntrico como o mais prometedor para uma válida reinterpretação da doutrina cristã e um diálogo religioso mais autêntico é defendido pelo teólogo Paul Knitter, que faz uma clara distinção entre Reino de Deus e Igreja, com objetivo de superar o exclusivismo e assim chegar ao pluralismo. Para outros teólogos, como Hans Kung (2004, p. 16), todas as religiões são caminho de salvação e contêm verdades, pois todas transmitem, por meio da fé, uma visão de vida e uma norma para bem viver. Portanto, se uma religião é verdadeira não exclui a existência de verdades em outras religiões ou a "possibilidade de as outras religiões virem complementar, corrigir e aprofundar a religião cristã" (TEIXEIRA, 1995, p. 76).

Como consequência da elaboração da teologia pluralista, nasceu o ecumenismo e o diálogo inter-religioso, que apontam e demonstram a possibilidade de um horizonte de conversação alternativa; indica que a violência religiosa não faz parte da essência da religião, mas constitui um desvio ou uma traição do dinamismo mais profundo, que anima a relação do ser humano com o Absoluto. Baseia-se na consciência viva do valor da alteridade e da riqueza da diversidade. Sem desconhecer a singularidade das diferenças, o diálogo aposta na possibilidade da renovação das relações inter-religiosas pelo encontro. Haveria um conjunto de relações inter-religiosas, positivas e construtivas, com pessoas e comunidades de outras confissões religiosas, para um mútuo conhecimento e um recíproco enriquecimento. Este relacionamento inter-religioso ocorre entre fiéis que estão enraizados e compromissados com sua própria fé, mas igualmente disponíveis ao aprendizado com a diferença (cf. TEIXEIRA, 1995, p. 188). O diálogo inter-religioso não se constitui em algo isolado ou conjuntural. Trata-se, antes de tudo, de uma opção de vida, de uma atitude permanente frente ao fato religioso plural. É um projeto teológico de longo alcance e uma experiência Inter espiritual, inseparável das experiências de libertação. O diálogo deverá desembocar na elaboração de uma teologia das religiões que seja libertadora, ou seja, que recupere os elementos libertadores presentes em todas as tradições religiosas, e não somente na religião cristã. Estando o próprio Deus presente em todas as religiões, a atitude deveria ser minha religião é verdadeira, mas também a sua. Deus é sempre maior do que nossa compreensão; por isso devemos nos completar.

A declaração *Dominus Iesus,* da Congregação para Doutrina da Fé do Ratzinger, veio marcar posição diante do contexto da pluralidade religiosa do Ocidente. Uma das finalidades era ir de encontro ao suposto relativismo das posturas dos teólogos pluralistas inclusivistas[2]. O estudo detalhado da Declaração possibilita perceber a intencionalidade de grande parte das críticas. Elas visam silenciar os teólogos inclusivistas abertos, que buscam aprofundar a questão da relação do cristianismo com as outras tradições religiosas, a partir das interrogações tecidas pelos teólogos pluralistas. A pressão de determinados

[2] Lembramos: Hans Kung (professor da Universidade Eberhard Karls em Tübingen, Alemanha), Paul Knitter (Estados Unidos), Claude Geffré (Institut catholique de Paris), Edward Schillebeeckx (dominicano belga), Jacques Dupuis, (jesuíta belga e docente na Índia e na Gregoriana), Raymond Pannikkar (jesuíta espanhol-indiano), Tissa Balasurya (Siri Lanka), Aloysius Pieris (Índia) e Carlo Molari (docente na Urbaniana e Lateranense de Roma) são os mais diretamente visados.

setores do magistério da Igreja vinha urgindo um enfrentamento das teses dos teólogos pluralistas que romperam com a centralidade cristológica: suas posições vinham sendo enquadradas como destacadas da tradição cristã. Mas a dinâmica do texto visava também um questionamento dos teólogos que se inserem na perspectiva cristocêntrica e buscam ampliar os horizontes da reflexão tradicional. Na prática, os desafios teológicos lançados por tais teólogos são mais ameaçadores, porque indicam a possibilidade de uma nova fisionomia histórica para o cristianismo (TEIXEIRA, 2000, p. 881).

A Declaração causou um profundo impacto negativo, tanto no mundo católico como entre os protestantes e grandes religiões não cristãs. O documento acentua o centralismo romano *"Ad intra"* colonialista, que salvaguarda a doutrina e a Igreja conservadora. O objetivo primordial seria estabelecer o marco ou limite doutrinal para o diálogo ecumênico e inter-religioso, no intuito de combater o indiferentismo e o relativismo presentes no contexto religioso atual. O ponto de partida é a reafirmação da fé católica, "a doutrina de sempre" diante da "ameaça de teorias relativistas que pretendem justificar o pluralismo religioso" (DI, 4), a respeito da "unicidade e universalidade salvífica de Jesus Cristo e da Igreja", com esse intuito assume uma posição restritiva.

Para Faustino Teixeira, em o receio da relativização e da dessubstancialização dos conteúdos religiosos, aciona o desejo de mais segurança, de estabilidade e fundamentação, provocando, assim, reações defensivas e ofensivas contra o universo da alteridade. Na lógica da defesa da identidade católica, encaixa-se perfeitamente a distinção estabelecida pela Declaração entre fé teologal e crenças (DI, 7) e a negação do pluralismo religioso de princípio (DI 4). A fé teologal consiste na "aceitação da verdade revelada por Deus Uno e Trino"; já a crença nas outras religiões traduz "a experiência religiosa ainda à procura da verdade absoluta e ainda carecida do assentimento a Deus que se revela" (DI, 7). Trata-se de uma distinção que vem confirmar a adesão à "teologia do acabamento", que busca marcar de forma nítida a diferença substancial entre o cristianismo e as outras religiões.

A Declaração *Dominus Iesus* não nega a existência de elementos positivos nas outras religiões e igrejas, mas em conformidade com a "teologia do acabamento", insiste sobre a impossibilidade de atribuir a suas orações e a seus ritos uma origem divina ou eficácia salvífica (DI, 21). Afirma-se que os adeptos das outras religiões se encontram objetivamente "numa situação gravemente deficitária se comparada com a daqueles que na Igreja têm a plenitude dos meios de salvação" (DI, 22). O temor do indiferentismo e do relativismo religioso provoca um evidente recuo dialogal e vai em direção oposta aos avanços teológicos pós-conciliares, porque "a salvação só se verifica na única religião verdadeira" (DI, 23).

Concluindo

As três posições teológicas: eclesiocêntrica, cristocêntrica e teocêntrica representam três maneiras de pensar a teologia, a pastoral e a missão. São três paradigmas diferentes de conceber a relação salvífica entre as diferentes religiões. De forma diferente, tanto o exclusivismo como o inclusivismo teológico são contrários à visão do pluralismo religioso e apresentam as categorias da teologia ocidental eurocêntrica colonial, rejeitando o pluralismo religioso, por ser visto como contrário ao projeto salvífico de Deus e de Jesus Cristo. De tal modo, os documentos do magistério eclesiástico estão marcados por essa realidade, tomando um posicionamento a favor ou contra esse fato, apresentando um projeto de Igreja defensivo ou aberto a essa realidade.

Essas três categorias teológicas trazem um modo de pensar ocidental colonialista na questão da salvação e não representam uma resposta satisfatória diante do desafio do pluralismo religioso atual na construção da teologia decolonial das religiões que possa convergir, logo devemos abordar a problemática, tentando superar o eurocentrismo. Portanto, é necessário refletir mais a teologia da missão a partir do teocentrismo, como contraponto ao cristocentrismo, indicando uma teologia em diálogo e não apenas do diálogo. Seja como for, historicamente, o cristianismo assumiu-se como religião exclusivista, com referência aos outros. A exclusão de um significado positivo da salvação nas outras religiões.

Ainda existem resquícios do paradigma eclesiocêntrico exclusivista, que vê a Igreja Católica como a única Igreja de Cristo e única depositária da plenitude da revelação. Precisamos de uma conversão, de uma purificação da linguagem teológica, que leve a uma nova compreensão de pensar o patrimônio cultural e religioso salvífico nos outros povos. Uma postura mais aberta leva a reconhecer a plenitude da salvação e da verdade nas outras tradições religiosas. Significa aceitar que todas as religiões e Igrejas contêm verdades reveladas e todas as tradições religiosas possuem aspectos reveladores de Deus, que tomam vários nomes e conceitos nos mais variados recantos do mundo.

Além disso, continua o desafio da elaboração de uma teologia decolonial e missionária, que tenha como base o diálogo entre as religiões e as culturas, que possa superar e o eurocentrismo, portador da verdade absoluta. É necessário refletir a missão desde a diversidade dos pobres, nos diferentes contextos de sofrimento e marginalização. Criar uma teologia questionadora a partir dos bens de salvação, desde as manifestações culturais e religiosas dos pobres, dos indígenas, dos negros, das mulheres, dos marginalizados, com uma hermenêutica que dê sentido e esperança no Deus da Vida. O papa Francisco desafia para uma teologia que inclua a salvação do planeta e da Amazônia, uma ecoteologia a partir da criação e do cuidado com a casa comum. Ainda fica em aberto o desafio da teologia pluralista que possa abranger os mais diversos campos de pensamento sobre Deus, desde as experiências concretas da ecologia e vida humana.

Referências bibliográficas

BRIGHENTI, Agenor. *O valor teologal da diferença*: pautas para uma leitura da Dominus Iesus. *REB*. Petrópolis: Vozes. n. 61, Fascículo 242, junho de 2001, p. 275-313.

CUNHA, Carlos Alberto. *Teologia decolonial e epistemologia do Sul*. *Interações*, Belo Horizonte, Brasil, v. 1, 3, n. 24, p. 306-333, Agosto/Dezembro, 2018.

DUPUIS, Jacques. *O Cristianismo e as religiões,* do desencontro ao encontro. São Paulo: Loyola, 2004.

________. *Rumo a uma teologia cristã do pluralismo religioso*. São Paulo: Paulinas, 1999.

GEFFRÉ, Claude. *De Babel a Pentecostes*. São Paulo: Paulus, 2013.

HACMANN, G & POZZO E Dal. *Investigando o conceito de "Cristianismo anônimo"* em Karl Ranher. Revista *Teocomunicação* Porto Alegre v. 37, n. 157, p. 369-395, set. 2007.

JOÃO PAULO II. *Carta Encíclica Redemptoris Missio*. São Paulo: Loyola, 1995.

KUNG, Hans. *Religiões do mundo:* em busca dos pontos em comum. Campinas: Versus, 2004.

KNITTER, Paul. *No Other Name?* Maryknoll: Orbis, 1985.

LIRA, Elvis. "*Extra ecclesiam nulla salus": a mudança do axioma a partir do século IV*. XXII Semana de Teologia-Simpósio Internacional de Mariologia-Maria no Mistério de Cristo e da Igreja Recife, 10 a 12 de maio de 2017 p. 53-59.

PIO IX. *Encíclica quanta cura* e *Syllabus*. 8 dezembro 1864. https://w2.vatican.va/ Acesso 04/06/2019.

PIO X. *Catecismo Maior de São Pio X* Ed. Edición de 1973. http://www.diocese-braga.pt/ PDF Acesso 05/06/2019.

________. *Encíclica Pascendi Dominici Gregis*, sobre as doutrinas modernistas. http://w2.vatican.va/content/pius-x/pt. Acesso 05/06/2019.

RANHER, Karl. *Curso fundamental da fé.* São Paulo: Paulus, 1989.

RATZINGER, Joseph. *Dominus Iesus.* Sobre a unicidade e universalidade salvífica de Jesus Cristo e da Igreja. São Paulo: Paulinas, 2000.

TAMAYO, Juan José. *Teologías del sur, el giro descolonizador*. Madrid: Trotta, 2017.

TEIXEIRA, Faustino. *A teologia do pluralismo religiosa em questão*. *REB*. Petrópolis: Vozes. n. 59, Fascículo 235. Dezembro de 1999, p. 591-617.

________. *Do diálogo ao anúncio, reflexões sobre a declaração Dominus Iesus*. *REB*. Petrópolis: Vozes. n. 60, Fascículo 240. Dezembro de 2000, p. 879-908.

________. *Teologia das religiões, uma visão panorâmica.* São Paulo: Paulinas, 1995.

VATICANO II. *Compendio do Vaticano II:* constituições, decretos e declarações. São Paulo: Vozes, 1997.

VIGIL, José Maria. *O paradigma pluralista: tarefas para a teologia*. Para uma releitura pluralista do cristianismo. *Concilium Teologia do Pluralismo religioso: o paradigma emergente*. N. 319 -2007/1. Petrópolis: Vozes, p. 33-42.

________. *Teologia do pluralismo Religioso: para uma releitura do Cristianismo.* São Paulo: Paulus, 2006.

6

POR UMA IGREJA POBRE E SERVIDORA: PROCESSOS DECOLONIAIS NA AMAZÔNIA

Francisco Xavier Martinez

Introdução

A região amazônica é grandiosa, bela, impressionante e contraditória. Maior floresta tropical, maior província mineral (com ferro, ouro etc.), principal reserva biogenética do planeta e extraordinária realidade pluriétnica e multicultural. Essa é a Amazônia. Ela é importante não apenas para o Brasil, mas para o próprio equilíbrio do ecossistema do planeta, cada vez mais fragilizado.

O patrimônio amazônico é incalculável, mas a região permanece pobre, subdesenvolvida, dependente e periférica. Por quê? Porque as políticas de ocupação e "desenvolvimento" da região estiveram e permanecem a serviço do grande capital nacional e estrangeiro. Essa é a razão principal da degradação do ecossistema amazônico. Desde os tempos coloniais e até os dias atuais, a Amazônia tem sido um lócus de exploração de matérias-primas de toda a ordem.

O documento de Aparecida reconhece que "o Evangelho chegou a nossas terras em meio a um dramático e desigual encontro de povos e culturas" (*DAp* 4). O documento final do sínodo Pan-amazônico celebrado em Roma em outubro de

2019 afirma o número 15 que “frequentemente o anúncio de Cristo se realizou em conivência com os poderes que exploravam recursos e oprimiam as populações”, por isso alerta que “no momento atual, a Igreja tem a oportunidade histórica de se diferenciar das novas potências colonizadoras, escutando os povos amazônicos para poder exercer com transparência sua atividade profética”.

O presente ensaio quer mostrar, parafraseando o Sínodo Pan-amazônico, como, “no momento atual, a Igreja tem a oportunidade histórica de se diferenciar das novas potências colonizadoras, escutando os povos amazônicos para poder exercer com transparência sua atividade profética”. Em um primeiro ponto, mencionam-se algumas teorias pós-coloniais e decoloniais, e apresentam-se alguns tópicos do grupo latino-americano Modernidade/Colonialidade. Em um segundo momento, descrevem-se alguns itens do brutal processo colonizador da Amazônia no passado e da atual condição neocolonial. Em um terceiro ponto, salientam-se alguns marcos referenciais do processo de descolonização da Igreja rumo a uma “Igreja com rosto amazônico”. Finalmente, mostra-se como uma igreja inculturada e descolonizada pode ser geradora e parceira de processos e projetos decoloniais.

Queremos nos aproximar de algumas teorias decoloniais, apresentar algumas características do processo de colonização da Amazônia no passado e na atualidade e, por último, mostrar caminhos de descolonização da Igreja e do serviço desta a possíveis processos e projetos decoloniais.

Algumas teorias decoloniais

Durante as últimas décadas tem se desenvolvido importantes discursos pós-coloniais e decoloniais. Entre eles podem se salientar, segundo o teólogo Juan José Tamayo, a descolonização das ciências sociais (antropologia, sociologia, história, economia); os *Subalern Studies* (estudos subalternos) de intelectuais índios, a filosofia latino-americana da libertação, os estudos pós-coloniais e as práticas políticas de descolonização de Aimé Césaire e Frantz Fanon, os estudos sobre práticas políticas e crítica cultural, o projeto Colonialidade-Modernidade, a teoria do Encobrimento do Outro e da Transmodernidade, as epistemologias do Sul, a teoria do orientalismo e o feminismo decolonial (2017, p. 23).

O grupo Modernidade/colonialidade (M/C) é um dos mais importantes coletivos de pensamento crítico ativos na América Latina durante a primeira década do século XXI. Trata-se de uma rede multidisciplinar e multigeracional de intelectuais, incluindo os sociólogos Aníbal Quijano, Edgardo Lander, Ramón Grosfoguel e Immanuel Wallerstein; os semiólogos Walter Mignolo e Zulma Palermo; a pedagoga Catherine Walsh; os antropólogos Arturo Escobar e Fernando Coronil e os filósofos Enrique Dussel, Santiago Castro-Gómez, Maria Lugones e Nelson Maldonado-Torres[1].

Muitos desses integrantes já haviam desenvolvido, desde os anos 1970, linhas de pensamento próprias, como é o caso de Dussel e a Filosofia da Libertação, Quijano e a Teoria da Dependência, e Wallerstein e a Teoria do Sistema-Mundo. A identidade grupal do M/C acabou herdando essas e outras influências do pensamento crítico latino-americano do século XX.

O M/C é considerado por Escobar como um "programa de investigação" (ESCOBAR, 2003, p.53). Desde o final dos anos 90, o grupo compartilha noções, raciocínios e conceitos que lhe conferem uma identidade e um vocabulário próprio, definindo uma série de problemáticas e de pautas de trabalho que adquiriram certa visibilidade em diversos cenários, configurando um projeto intelectual como também político que foi chamado de "projeto decolonial".

Segundo o pensamento do grupo, a primeira descolonização (iniciada no século XIX pelas colônias espanholas e seguida no século XX pelas colônias inglesa e francesa) foi incomple-

[1] Aníbal Quijano faleceu em 2018 e Immanuel Walerstein em 2019.

ta, pois se limitou à independência político-legal das periferias. Em vez disso, a segunda descolonização – à qual aludimos à categoria de decolonialidade – terá de abordar a heterarquia das múltiplas relações raciais, étnicas, sexuais, epistêmicas, econômicas e de gênero que a primeira descolonização deixou intacta. Como resultado, o mundo do início do século XXI precisa de uma decolonialidade que complemente a descolonização realizada nos séculos XIX e XX. Ao contrário dessa descolonização, a decolonialidade é um processo de ressignificação a longo prazo, que não pode ser reduzido a um evento político-jurídico (CASTRO-GÓMEZ; GROSFOGUEL, 2007, p. 17).

Para o M/C, a colonialidade é o lado obscuro e necessário da modernidade, sua parte indissociavelmente constitutiva. Não existe modernidade sem colonialidade, assim como não poderia existir uma economia-mundo capitalista sem a invenção da América. Em outras palavras: "com a América (latina) o capitalismo se torna global, eurocêntrico, a colonialidade e a modernidade se instalam, até hoje, como eixos constitutivos desse padrão específico de poder (QUIJANO, 1991). A colonialidade é a continuação do colonialismo por outros meios. A colonialidade é global e se reproduz em uma tripla dimensão: a do poder, a do saber e a do ser. A colonialidade do ser e do saber situam-se especialmente no último tipo de controle da colonialidade do poder (BALLESTRIN, 2017).

A colonialidade do poder, proposta por Aníbal Quijano, é uma categoria analítica que nos permite nomear a matriz de poder da modernidade, que permeia desde sua fundação cada uma das áreas da existência social humana. A colonialidade do poder se configura com a conquista da América no mesmo processo histórico no qual se inicia a interconexão mundial (globalidade) e, ao mesmo tempo, começa a constituir-se o modo de produção capitalista. Nesse cenário histórico, a colonialidade do poder se configura a partir da combinação de dois eixos. O primeiro eixo consiste em um sistema de dominação assentado em uma rede de relações sociais intersubjetivas, baseadas na classificação social hierárquica da população mundial, sustentada na configuração e naturalização principal da ideia de "raça" (QUIJANO, 2013). O segundo eixo da colonialidade do poder é composto por um sistema de relações sociais materiais, de controle e exploração do trabalho, que foi criado no mesmo movimento histórico de produção e controle de subjetividades que dá origem aos exercícios de classificação mencionados no primeiro eixo (QUIJANO, 2000).

A colonialidade do poder se configura assim como uma ideologia racial apta a manter certa estabilidade entre as transições históricas de modelos e sistemas de dominação, produzindo uma racionalidade que se estabelece como única, válida, universal e superior a todas as outras.

Essa estrutura de poder se articula como uma rede de relações sociais de exploração/dominação/conflito articuladas em função da disputa pelo controle de cinco âmbitos da existência social: (1) a economia e o trabalho; (2) a natureza e seus recursos; (3) a sexualidade e a reprodução; (4) a subjetividade e o conhecimento; (5) a autoridade e a coerção (MIGNOLO, 2010).

A modernidade, segundo Dussel, justifica uma "práxis irracional da violência", é um "mito" que oculta a colonialidade e se desenvolve da seguinte forma:

> 1. A civilização moderna autodescreve-se como mais desenvolvida e superior (o que significa sustentar inconscientemente uma posição eurocêntrica). 2. A superioridade obriga a desenvolver os mais primitivos, bárbaros, rudes, como exigência moral. 3. O caminho de tal processo educativo de desenvolvimento deve ser aquele seguido pela Europa (é, de fato, um desenvolvimento unilinear e à europeia o que determina, novamente de modo inconsciente, a "falácia desenvolvimentista"). 4. Como o bárbaro se opõe ao processo civilizador, a práxis moderna deve exercer em último caso a violência, se necessário for, para destruir os obstáculos dessa modernização (a guerra justa colonial). 5. Esta dominação produz vítimas (de muitas e variadas maneiras), violência que é interpretada como um ato inevitável, e com o sentido quase-ritual de sacrifício; o heroi civilizador reveste a suas próprias vítimas da condição de serem holocaustos de um sacrifício salva-

dor (o índio colonizado, o escravo africano, a mulher, a destruição ecológica, etecetera). 6. Para o moderno, o bárbaro tem uma "culpa" (por opor-se ao processo civilizador) que permite à "Modernidade" apresentar-se não apenas como inocente mas como "emancipadora" dessa "culpa" de suas próprias vítimas. 7. Por último, e pelo caráter "civilizatório" da "Modernidade", interpretam-se como inevitáveis os sofrimentos ou sacrifícios (os custos) da "modernização" dos outros povos "atrasados" (imaturos), das outras raças escravizáveis, do outro sexo por ser frágil, etecetera (DUSSEL, 1992, p. 208-209).

Dussel propõe a noção de "Transmodernidade" como superação, "passagem transcendente, onde a Modernidade e sua Alteridade negada (as vítimas) se correalizarão por mútua fecundidade criadora":

A Modernidade nasce realmente em 1492: essa é a nossa tese. Sua real superação (como subsuntion e não meramente como Aufhebung hegeliana) é a subsunção de seu caráter emancipador racional europeu transcendido como projeto mundial de libertação de sua Alteridade negada: a Trans-Modernidade (como novo projeto de libertação político, econômico, ecológico, erótico, pedagógico, religioso, etecetera) (DUSSEL, 1992, p. 211).

O processo colonizador na Amazônia

A ocupação demográfica da Amazônia antecede o processo colonizador por milênios. Reconstruções atuais de pesquisadores e estudiosos confirmam as crônicas de Carvajal e de outros exploradores que registraram a existência de assentamentos permanentes, abrigando de alguns milhares a dezenas de milhares de indivíduos ou possivelmente mais. Descobertas recentes indicam uma gama de comunidades culturalmente diversas, de variados tamanhos, que viveram em toda a bacia, conectadas por redes de comércio e guerras (SCHMINK, 2012, p. 75 ss.).

Os portugueses avistaram a costa leste do continente sul-americano pela primeira vez em 22 de abril de 1500, porém mais de um século se passou antes que eles estabelecessem assentamentos permanentes na Amazônia. No início do século XVII, os portugueses infiltraram-se gradualmente rumo ao oeste, ao longo do rio Amazonas e seus principais tributários, em busca de cravo, salsaparrilha, cacau, canela, raízes aromáticas e óleos de palmáceas. O modelo colonial português, apoiado em uma sociedade e nobreza ainda com fortes e arcaicos traços feudais, fez com que na região amazônica a ocupação lusitana se sustentasse no extrativismo e na escravização e genocídio indígena.

Em declaração juramentada em seu leito de morte, em 1654, o cônego Manoel Teixeira, vigário de Belém, afirmou que em 32 anos de conquista do Pará (que atualmente corresponde à região Norte), pelas contas que ouviu, teriam sido mortos mais de 2 milhões de indígenas de 400 aldeias por meio do trabalho e ferro. O jesuíta Antônio Vieira afirmou que no Brasil, entre 1615 e 1652, foram assassinados mais de dois milhões de indígenas, por meio de morte violenta, afora os que eram mortos às escondidas. Como afirma o professor da Universidade Federal do Pará Aluizio Leal, "conquanto exagerada possa parecer uma tal afirmação, ela mostra quão brutalmente, na Amazônia colonial portuguesa, o dono da terra foi condenado ao extermínio" (2010, p. 95).

A perspectiva histórica desses povos foi interrompida de forma brusca e violenta pelo projeto colonial que, valendo-se da guerra, da escravidão, da ideologia religiosa e das doenças, provocou na Amazônia uma das maiores catástrofes demográficas da história da humanidade, além de um etnocídio sem precedentes.

A interpretação sobre o papel da Igreja neste processo não é consensual. Por um lado, as congregações religiosas acabaram se tornando grandes defensoras dos ameríndios, muitos missionários foram perseguidos, presos e expulsos porque denunciaram a violência e a injustiça praticadas contra os índios (HOORNAERT E., 1992, p. 121-139).

Por outro lado, as congregações religiosas foram instrumentos da completa transformação da vida material e cultural dos indígenas. Para alguns autores, a imposição forçada ou disfarçada do cristianismo se constituiu em um importante fator de dominação e "domesticação" dos indígenas a favor dos interesses metropolitanos e da própria acumulação primitiva de capital que se processava na Europa. Para facilitar o domínio dos indígenas, exploração e a própria catequização, os ameríndios foram reunidos em aldeias, perdendo a identidade tribal a favor da homogeneização religiosa. Organizavam-se *descimentos,* expedições que buscavam convencer os indígenas a descerem para os aldeamentos, nos quais se repartiam os nativos entre religiosos, colonos e Coroa. Também no sentido da dominação foi desenvolvida uma língua geral para a população indígena amazônica: o *nhengatu* (MARQUES, 2019, p. 42-51).

A independência do Brasil ocorreu em 1822, mas o estado do Grão-Pará não aderiu a ela. Isso somente ocorreu em 15 de agosto de 1823, quando o governo imperial do novo país mandou um navio de guerra comandado por um inglês, John Grenfell, bloquear e ameaçar bombardear Belém.

A fragilidade da economia, junto à estrutura de dominação presente na região e a permanência, mesmo com a independência, dos mesmos setores dominantes, grosso modo, de origem estrangeira, fez eclodir a Revolução Cabana (1835-1840), que arregimentou grande número de indígenas, negros, mestiços e pobres.

A violenta repressão à Revolução Cabana reduziu e dizimou ainda mais a população nativa e tradicional da Amazônia. A escravização do negro africano continuou na época do império, segundo o pesquisador Vicente Salles em 1850 a Amazônia (Pará e Amazonas) contava com 160.313 habitantes livres e 40.078 escravizados. No Maranhão a produção de algodão, destinado à indústria da Inglaterra, tornou “preta” a região. Em 1822, a província do Maranhão contava com 152.893 habitantes, sendo 77.914 escravos (2005, p. 100).

A situação da região amazônica mudou no decorrer da segunda metade do século XIX, com a grande procura internacional pela borracha extrativa, produto já muito conhecido e trabalhado pelos indígenas. Inúmeras levas de nordestinos chegaram para trabalhar em condições de semiescravidão no sistema do aviamento na extração do látex nos seringais. O aviamento gerava um montante enorme de trabalho excedente extraído, que era distribuído entre seringalistas, exportadores, governo, bancos e comerciantes brasileiros, europeus e estadunidenses. Belém e Manaus foram as cidades que concentraram alguma riqueza, consumo e serviços e onde se localizou a oligarquia local. Mercadorias diversas, incluindo óperas, eram importadas da Europa.

Belém, comandada pelo intendente (prefeito) Antônio Lemos, tomou Paris como modelo, período que ficou conhecida como *belle époque* da cidade. Em Manaus, o teatro Amazonas, as praças e o mercado municipal Adolpho Lisboa são exemplos dessa opulência. Mas todo o luxo se sustentava na superexploração do seringueiro, excluído dos ganhos do "progresso" e da "modernidade" (MARQUES, 2019, p. 64-65).

Em meio ao clima nacionalista e ao cenário de guerra mundial, em 1940 o presidente Getúlio Vargas fez um pronunciamento em Manaus que ficou conhecido como discurso do Amazonas. Carregada de simbolismos, a fala do presidente continha a promessa de progresso e ganhou ares de profecia: a floresta foi apresentada como inimigo a ser vencido para integrar a região à nação brasileira. Tratava-se de trazer "civilização" à região. A Amazônia não apenas estava fora do que se considerava nação como era retratada como um imenso e perigoso espaço vazio. A concepção de espaço vazio traz em si a ideia de que os povos originários presentes no território não representam nada significativo – para muitos nem gente seriam, pois não eram civilizados.

Com o golpe empresarial-militar de 1964, os governos ditatoriais desenvolveram um discurso de ameaça à soberania brasileira sobre a Amazônia. O discurso sobre pressões externas colocava a Amazônia na Doutrina de Segurança Nacional e tirava paulatinamente da região a possibilidade de elaborar um projeto regionalista. Em maio de 1966, foi iniciada a "Operação Amazônia", um amplo e ambicioso projeto de integração da Amazônia ao resto do Brasil, que abriu as portas da região ao capital internacional e nacional. Essa política atraiu grandes empresas nacionais e estrangeiras, incentivou projetos agropecuários, minerais, madeireiros e industriais, e organizou uma política de colonização visando preencher os "espaços vazios" das terras amazônicas. Foram projetadas grandes estradas que interligavam cidades distantes e que deveriam facilitar o escoamento da produção.

Os massacres contra os povos indígenas voltariam a se repetir, nestas décadas de 1960 e 1970, com as políticas de desenvolvimento e integração da Amazônia que começaram a rasgar a floresta com a abertura de estradas como a Transamazônica, a Belém-Brasília, a BR 364, a BR 174 e a Perimetral Norte. Povos como os Waimiri-Atroari, Yanomami, Arara, Parakanã, Cinta Larga e Nambikwara, entre muitos outros foram duramente atingidos, inclusive por expedições de extermínio com participação do poder público. Também foram muitas as lideranças sindicais e políticas (algumas religiosas) assassinadas pelo latifúndio neste período, conflito que se estende até os dias atuais.

O modelo de desenvolvimento regional baseado em grandes projetos, imposto por um regime autoritário, acabou por trazer graves consequências para a Amazônia e seu povo. As mudanças processadas nos anos 1990 e prolongadas atualmente, com a intensificação do agronegócio e da grande mineração, produziram mais contradições ainda para a sociedade e natureza amazônicas, levando a pesquisadora Violeta Loureiro a afirmar que a expansão da fronteira adquiriu novos contornos, desta vez de fronteira de *commodities* voltadas ao mercado internacional. A fronteira de *commodities* também pode ser designada por "moderna" semicolônia de recursos naturais, aqui incluído o agronegócio, e expandindo a noção de semicolônia energético-mineral. Esse modelo primário-exportador "apresenta características bastante claras: é persistente, concentrador de renda, voltado para fora e de costas para as populações regionais, tendo o Governo Federal e as grandes corporações como orquestradores do processo" LOUREIRO, 2015, p. 113).

O avanço da globalização capitalista neoliberal, com novas tecnologias e com a busca desenfreada pela exploração e uso de mais e mais recursos naturais, sem respeito às possibilidades e à sustentabilidade dos sistemas ecológicos inerentes à floresta e às águas, transformou a Amazônia em um bioma ameaçado e com grande impacto no clima planetário. A atual conjuntura política, econômica, social e ambiental nacional potencializa e agrava o problema. Tudo aponta para uma nova onda de "colonização" da Amazônia, com flexibilização de leis e instrumentos de regulação ambiental, ameaçando povos indígenas, quilombolas, posseiros, ribeirinhos e áreas protegidas, em nome do desenvolvimento capitalista globalizado e do livre mercado. E, o que é pior, com alinhamento total e subordinação aos grandes interesses econômicos e geopolíticos dos Estados Unidos (EUA).

Por uma Igreja descolonizada

No documento final do sínodo Pan-amazônico ao número 55, afirma-se que "o colonialismo é a imposição de certas formas de vida de alguns povos sobre outros, tanto economicamente, quanto culturalmente ou religiosamente", e se rejeita uma evangelização de estilo colonialista. Já em outros encontros eclesiais, face a pluralidade cultural da América Latina, questionava-se um modelo de igreja colonial "monocultural". Dom Samuel Ruiz, quem foi bispo de Chiapas no México, em conferência pronunciada em Medellín 1968, sobre "A evangelização na América Latina", aludia a realidade indígena como um antissinal pelo fato que se passaram vários séculos de cristianismo e o problema não foi resolvido: destroem-se suas culturas, desintegram-se suas comunidades, perdem-se seus valores culturais (CEMLA 6, p.117).

As teorias decoloniais e o papel da Igreja na realidade descrita no anterior ponto questionam o posicionamento e a práxis eclesial face ao antigo colonialismo e face à colonialidade global ainda imperante.

A partir do Concílio Vaticano II e da nova compreensão de Igreja dali emanada podemos afirmar que se inicia um processo de renovação que também inclui dinâmicas descolonizadoras na Igreja. A renovação do Vaticano II, ao conceber a universalidade a partir das particularidades, tornou a inculturação da fé um imperativo pastoral e a constituição de igrejas autóctones uma meta a ser atingida.

Pacto das catacumbas. Há três semanas do encerramento do Concílio Vaticano II, nas Catacumbas de Santa Domitila, na periferia de Roma, de maneira discreta, um grupo de padres conciliares celebrou a Eucaristia sobre o túmulo dos mártires Nereu e Aquileu e assinou um compromisso de vida, trabalho e missão que ficou conhecido como Pacto das Catacumbas.

Aqueles bispos, pouco mais de quarenta, aos quais se somaram, nos dias seguintes, outros quinhentos, assumiram o Concílio como um caminho de conversão e de compromisso pessoal com os pobres, seus sofrimentos, suas necessidades, suas lutas e esperanças. Não pregaram para os outros, mas examinaram a si mesmos e sua Igreja. Assumiram o propósito de ser pastores identificados com seu rebanho e quiseram que sua Igreja seja servidora e pobre.

Medellín. A Igreja na América Latina, em Medellín (1968), com sua recepção criativa do Concílio, deixou de ser uma "Igreja reflexo" ou caixa de ressonância de uma suposta "Igreja universal", para se tornar uma fonte inspiradora e programática para igrejas locais do subcontinente.

Fazendo ecoar o compromisso do Pacto das catacumbas, Medellín propõe uma Igreja despojada e comprometida com a superação da pobreza material. O documento de Medellín sobre a Igreja tem como título "Pobreza da Igreja" e declara em seu preâmbulo:

> O episcopado latino-americano não pode ficar indiferente perante as tremendas injustiças sociais existentes na América Latina que mantêm a maioria de nossos povos numa dolorosa pobreza e que, em muitíssimos casos, chega a ser miséria inumana. Um surdo clamor brota de milhões de homens, pedindo a seus pasto-

> res uma libertação que não lhes advém de nenhuma parte. [...] E chegam também a nós as queixas de que a hierarquia, o clero, e os religiosos são ricos e aliados dos ricos (DM 14, 1-2).

O Encontro de Santarém. Quatro anos depois da Conferência de Medellín, em 1972, realizou-se o 1º Encontro Inter-Regional dos Bispos Brasileiros da Amazônia, em Santarém, cidade às margens do Rio Tapajós. Esta assembleia foi decisiva para encarnar no chão da Amazônia as linhas de renovação do Vaticano II e de Medellín.

Definem-se duas diretrizes básicas: *encarnação na realidade* e *evangelização libertadora*. No documento elaborado se escolhem quatro prioridades pastorais: formação de agentes de pastoral; pastoral indígena; comunidades cristãs de base; estradas e outras frentes pioneiras. Essas são esmiuçadas em correspondentes objetivos, metas e programas de ação. Impressiona como o Documento de Santarém é arrojado, pois lança a Igreja da Amazônia em missão, atenta à realidade do povo na região. É um grito pela "descolonização da fé" e um deslocamento para a evangelização inculturada.

Nesse mesmo ano se criaram os institutos teológicos de pastoral regional, o CENESC, em Manaus, e o IPAR, em Belém. A assembleia expressa seu pleno apoio ao recém-fundado CIMI (Conselho Indigenista Missionário), que até os dias de hoje exerce um importante papel de defesa dos povos indígenas, fortalece sua organização e luta pela demarcação de suas terras. Em 1975, foi fundada a CPT (Comissão Pastoral da Terra) "como resposta à grave situação vivida pelos trabalhadores rurais, posseiros e peões, sobretudo na Amazônia, explorados em seu trabalho, submetidos a condições análogas ao trabalho escravo e expulsos das terras que ocupavam". Parte da Igreja passou a solidarizar-se com os mais pobres e oprimidos: índios, posseiros, sem-terra, migrantes, desempregados etc., rompendo os vínculos históricos tradicionais. A Igreja da Amazônia passa pela experiência do martírio (POSSIDÔNIO, 2005, p. 44-46).

A ecologia passou a fazer parte da pauta das prioridades da Igreja amazônica a partir do Encontro de Icoaraci, Distrito de Belém, em fevereiro de 1990. Daí emana um texto sucinto com 25 parágrafos curtos, intitulado "Em defesa da Vida da Amazônia".

O "rosto da igreja amazônica" vai se enriquecendo e configurando com os aportes dos sucessivos encontros dos Bispos da Amazônia assim como também das intuições das grandes Conferências do Episcopado Latino-americano especialmente da última em Aparecida, em 2007.

Sínodo Pan-amazônico. No dia 15 de outubro de 2017, o papa Francisco anunciou a convocação de um Sínodo Especial para a Amazônia, dando início a um processo de escuta sinodal que começou na própria Região Amazônica com sua *visita a Puerto Maldonado* (19 de janeiro de 2018). Naquela ocasião, papa Francisco falava aos povos pan-amazônicos: "É bom que agora sejais vós próprios a autodefinir-vos e a mostrar-nos a vossa identidade. Precisamos de vos escutar (...). Precisamos que os povos indígenas plasmem culturalmente as Igrejas locais amazônicas (...) ajudai os vossos bispos, os missionários e as missionárias a fazerem-se um só convosco e assim, dialogando com todos, podeis plasmar uma Igreja com rosto amazônico e uma Igreja com rosto indígena. Com este espírito, convoquei um Sínodo para a Amazônia no ano de 2019".

O processo de preparação do Sínodo levou mais de 3 anos. No território brasileiro foram realizados 16 seminários regionais e mais um Pan-Amazônico. Desse processo, inclusive da consulta sinodal enviada pelo Vaticano, participaram cerca de 87 mil pessoas. A primeira novidade deste Sínodo foi escutar os povos amazônidas, ouvir a voz dos povos da região.

O sínodo foi realizado em clima de fraternidade e oração. Pela metodologia adotada, nos grupos menores todos falaram à vontade, sendo aí decisiva a participação das mulheres e dos povos originários.

No documento final se reconhecia como "a defesa da vida da Amazônia e de seus povos requer uma profunda conversão pessoal, social e estrutural. A Igreja está incluída neste chamado para desaprender, aprender e reaprender, a fim de superar qualquer tendência a modelos de colonização que causaram danos no passado. Nesse sentido, é importante estarmos cientes da força do neocolonialismo (...)".

Durante o sínodo se fez memória do pacto das catacumbas de 1965, onde muitos bispos do mundo inteiro inauguraram seu compromisso de uma igreja pobre, servidora e profética, agora renovado como pacto das catacumbas pela Casa Comum. Em 2019, renova-se esse gesto profético e messiânico de uma "Igreja com rosto amazônico, pobre, servidora, profética e samaritana". É a partir de tais gestos simbólicos e sacramentais que se consolida um caminho novo da Igreja em nosso Continente no meio da Amazônia, o "coração biológico" do mundo e a reserva de vida para a nossa e todas as futuras gerações, privilegiando os povos originários que, com referência ao cuidado para com a floresta, são nossos mestres e doutores, como na Igreja dos primórdios se dizia dos pobres.

Palavra-chave do documento final do sínodo é conversão, uma conversão que vem da escuta, "ouvir o clamor da terra e o clamor dos pobres e dos povos da Amazônia com quem caminhamos nos chama a uma verdadeira conversão integral", que se expressa em quatro dimensões: a pastoral, a cultural, a ecológica e a sinodal.

Conversão pastoral que empurra a Igreja em saída missionária "navegando" pelos nossos rios e lagos ao encontro de nosso povo. Uma Igreja samaritana, misericordiosa e solidária em diálogo ecumênico, inter-religioso e cultural. Uma Igreja que assume as causas e se solidariza com os povos da Amazônia; uma Igreja com rosto indígena, camponês e afrodescendente, com rosto de migrante e com um rosto jovem; uma Igreja que percorre novos caminhos na pastoral urbana.

Conversão cultural que leva a respeitar, reconhecer, aprender e enriquecer-se com e dos valores culturais dos povos amazônicos. Que orienta para uma Igreja inculturada que sabe reconhecer as "sementes do Verbo" nas culturas amazônicas e para uma Igreja intercultural, evitando todo tipo de colonialismo na evangelização e nos campos da educação, saúde e comunicação.

Conversão ecológica que reconhece o planeta como dom de Deus, que diante da crise socioambiental sem precedentes e da crescente agressão ao bioma amazônico, ameaçado de desaparecer, com tremendas consequências para a vida em nosso planeta, coloca-nos rumo a um novo paradigma civilizacional: a ecologia integral onde tudo está interligado. Caminhando e aprendendo com nossos irmãos e nossas irmãs dos povos originários a implementar juntos novos modelos de desenvolvimento justo, solidário e sustentável, e renovando o compromisso de sermos cuidadores e cuidadoras de nossa "Casa Comum".

Conversão sinodal que fortalece uma cultura de diálogo, de escuta recíproca, de discernimento espiritual, de consenso e comunhão para encontrar espaços e caminhos de decisão conjunta e responder aos desafios pastorais locais, fomentando a corresponsabilidade de todos e de todas na vida da Igreja em um espírito de serviço, sobretudo na busca de novos caminhos eclesiais na ministerialidade e sacramentalidade da Igreja com rosto amazônico.

Considerações finais

No meio ao antigo colonialismo e à atual condição neocolonial que sofre hoje a Amazônia, onde, nas últimas décadas, ,tem-se aprofundado o modelo primário exportador, tem-se incrementado o extrativismo destruidor; onde, a ideologia do "progresso" e do "desenvolvimento" tem excluído e anulado as populações originárias e tradicionais, uma "Igreja com rosto amazônico, pobre e servidora, profética e samaritana" pode ser geradora e parceira de processos e projetos decoloniais.

Papa Francisco na exortação apostólica "Querida Amazônia" afirma que "os interesses dos colonizadores provocam um clamor que brada ao Céu (...) as operações econômicas, nacionais ou internacionais, que danificam a Amazônia e não respeitam o direito dos povos nativos ao território e sua demarcação, à autodeterminação e ao consentimento prévio, há que rotulá-las com o nome devido: injustiça e crime".

Ele alerta que "a colonização não para; embora em muitos lugares se transforme, disfarce e dissimule, todavia, não perde sua prepotência contra a vida dos pobres e a fragilidade do meio ambiente". Papa Francisco convida a indignar-se frente à economia globalizada, frente às novas formas de poder derivadas do paradigma tecno-econômico, que despudoradamente danificam a riqueza humana, social, cultural e ambiental da amazônia. Ou como denominam os autores decoloniais, o capitalismo que não é só um sistema econômico, nem só um sistema cultural-epistêmico, mas uma *rede global de poder*, integrada por processos econômicos, políticos e culturais, cuja soma mantém todo o sistema (CASTRO-GÓMEZ; GROSFOGUEL, 2007, p. 17).

O papa Francisco nos lembra "de que sempre é possível superar as diferentes mentalidades de colonização para construir redes de solidariedade e desenvolvimento". Concretamente exorta-nos para que busquemos uma produção agrícola sustentável, pois os agronegócios atuais da região são insustentáveis (cf. QAp, 17). Ele também nos exorta a buscar *fontes não poluentes de energia*, pois as fontes energéticas com origem nos *combustíveis fósseis estão poluindo a Amazônia* – e o planeta inteiro (ibidem). O Papa ainda quer que criemos empregos decentes que não comprometam a dignidade dos trabalhadores, nem a vida cultural e os ecossistemas (ibidem). Francisco propõe que construamos um modelo de desenvolvimento na *Amazônia* – e no mundo – no qual ninguém é deixado para trás (ibidem) e onde a natureza é preservada. Sempre em diálogo simétrico e intercultural com os povos originários e as culturas tradicionais e levando em consideração a "ferida colonial".

Queremos concluir com o apelo de Francisco à Igreja na Amazônia e o pedido de perdão aos povos originários:

E, nos dias de hoje, a Igreja não pode estar menos comprometida, chamada como está a ouvir os clamores dos povos amazônicos, «para poder exercer com transparência o seu papel profético». Entretanto como não podemos negar que o joio se misturou com o trigo, pois os missionários nem sempre estiveram do lado dos oprimidos, deploro-o e mais uma vez «peço humildemente perdão, não só pelas ofensas da própria Igreja, mas também pelos crimes contra os povos nativos durante a chamada conquista da América» e pelos crimes atrozes que se seguiram ao longo de toda a história da Amazónia. Aos membros dos povos nativos, agradeço e digo novamente que, «com a vossa vida, sois um grito lançado à consciência (...). Vós sois memória viva da missão que Deus nos confiou a todos: cuidar da Casa Comum (QA, 19).

Referências Bibliográficas

ASSEMBLEIA ESPECIAL DO SÍNODO DOS BISPOS PARA A REGIÃO PAN-AMAZÔNICA. *Documento final do Sínodo para Amazônia*. Amazônia: novos caminhos para Igreja e para uma ecologia integral. 2019.

BALLESTRIN, Luciana Maria de Aragão. Modernidade/Colonialidade sem "Imperialidade"? O Elo Perdido do Giro Decolonial. *DADOS – Revista de Ciências Sociais*, Rio de Janeiro, v. 60, n. 2, p. 505-540, 2017. Disponível em: <http://www. scielo.br/scielo.php?script=sci_abstract&pid=S0011-52582017000200505&lng=pt&nr m=iso&tlng=pt>. Acesso em: 16/01/2020.

CASTRO-GÓMEZ, Santiago; GROSFOGUEL, Ramón (orgs.). *El giro decolonial. Reflexiones para una diversidad epistémica más allá del capitalismo global*. Bogotá: Siglo del Hombre; Universidad Central; IESCO-UC; Pontificia Universidad Javeriana; Instituto Pensar, 2007.

CONFERÊNCIA NACIONAL DOS BISPOS DO BRASIL. *Desafio missionário:* documentos da Igreja na Amazônia, coletânea. Brasília: CNBB, 2014.

DUSSEL, Enrique. *1492. El encubrimiento del otro. Hacia el origen del mito de la modernidad.* Madrid: Editorial Nueva Utopía, 1992.

ESCOBAR, Arthuro (2003). "Mundos y conocimientos de otro modo: el programa de investigación modernidad/colonialidad latinoamericano". *Tabula Rasa*, n. 1, p. 58-86.

FRANCISCO. *Querida Amazônia.* Exortação Apostólica pós-sinodal. 2020.

HOORNAERT Eduardo (coord.). *História da Igreja na Amazônia*. Petrópolis, RJ: Editora Vozes, 1992.

LEAL, Aluizio. *Sinopse histórica da Amazônia*-uma visão política. In: Belém: IDESP, 2010.

LOUREIRO, Violeta R. O novo modelo colonial amazônico: reflexões sobre cenários possíveis. In: SILVA, Osiris M. Araujo da; HOMMA, Alfredo Kingo Oyama (orgs.). *Pan – Amazônia. Visão histórica, perspectivas de integração e crescimento*. Manaus: FIEAM, 2015.

MARQUES Gilberto. *Amazônia: riqueza, degradação e saque.* São Paulo: Expressão Popular, 2019.

MIGNOLO, Walter. *Desobediencia epistémica. La retórica de la modernidad, lógica de la colonialidad y gramática de la descolonialidad.* Buenos Aires: Ediciones del Signo, 2010.

POSSIDÔNIO R.; TADA C. (org.). *Amazônia, Desafios e Perspectivas para a Missão*. São Paulo: Paulinas, 2005.

QUIJANO, Aníbal. "La modernidad, el capitalismo y América Latina nacen el mismo día". In ILLA: Lima, n. 10, enero, 1991.

QUIJANO, Aníbal. Colonialidade do poder, eurocentrismo e América Latina. In: LANDER, Edgardo (org.). *La colonialidad del saber: eurocentrismo y ciencias sociales. Perspectivas latinoamericanas*. Buenos Aires: CLACSO, 2000. p. 201-246.

QUIJANO, A. Colonialidade do poder e classificação social. In: SANTOS, B. de S.; MENEZES, M. P. (org.). *Epistemologias do Sul*. São Paulo: Cortez, 2013. p. 73-118.

SALLES, Vicente. *O negro no Pará sob o regime da escravidão.* 3ª ed. Belém: IAP; Programa Raízes, 2005.

SCHMINK, Marianne. *Conflitos sociais e a formação da Amazônia.* Tradução de Noemi Porro e Raimundo Moura. Belém: UFPA, 2012.

TAMAYO, Juan José. *Teologías del Sur. El giro descolonizador*. Madrid: Editorial Trotta, 2017.

7

A INCULTURAÇÃO DA MENSAGEM GUADALUPANA

Gerardo Custodio López

Esclarecendo os termos

Desde os anos 1940s houve uma nova terminologia para expressar a relação entre cultura e fé. Durante um tempo, o termo mais usado foi 'adaptação'; outro termo usado, sobretudo nos tempos do Concílio Vaticano II, foi 'encarnação', fazendo referência à encarnação de Cristo. Outro vocábulo é 'indigenismo' com vários sentidos: "Tende a ser usado no sentido da resposta ao evangelho nos termos de uma cultura tradicional" (BROMLEY, 1988, p. 34). Também é o "recrutamento de pessoas locais de diferentes culturas como sacerdotes e religiosos" (ARBUCKLE, 1986, p. 515). Outros termos similares são: "Acomodação", "Implantação", "Interculturação", "Construindo teologias locais", "Contextualização" e "Inculturação".

"A contextualização" foi introduzida em 1972, tendo a vantagem de enfatizar a importância da natureza contextual de uma teologia. A contextualização uma teologia "leva em consideração quatro elementos: (1) o espírito e a mensagem do evangelho; (2) a tradição do povo cristão; (3) a cultura particular da região ou nação; (4) a mudança social dessa cultura, seja devido aos avanços tecnológicos como aos esforços pela justiça e a libertação" (BEVANS, 1985, p. 186).

A inculturação é a palavra mais usada nos ensinamentos católicos. Foi introduzida pelo papa João Paulo II em 1979 na "*Catechesi Tradendae*". Existem várias definições de inculturação, mas com o mesmo significado: "É a relação dinâmica entre a mensagem cristã e a cultura; uma inserção da vida cristã na cultura; um processo constante de inter-relação recíproca e crítica, e assimilação mútua" (ARBUCKLE, 1986, p. 517). "A inculturação significa que a fé é percebida na totalidade da cultura; e a cultura é a expressão, com atitudes humanas, dos valores dos quais a fé é parte constitutiva" (FITZPATRICK, 1987, p. 169). "A inculturação de uma religião em várias culturas assume a religião em questão, retendo a identidade essencial" (SHORTER,1988, p. 42). "A inculturação é o processo pelo qual a mensagem cristã se insere progressivamente na cultura dada, a partir dos pressupostos da mesma cultura" (AZEVEDO, 1986, p. 3). "A inculturação é a integração da experiência cristã de uma igreja local na cultura das pessoas, de tal forma que esta experiência não só se expressa a si mesma nos elementos da cultura, mas consegue ser força que anima, orienta e inova a cultura para criar uma nova unidade e comunhão, não apenas dentro da cultura em questão, mas também como enriquecimento da igreja universal" (CROLLIUS ROEST, 1978, p. 731). "A inculturação é confundida frequentemente com outros termos, como "Enculturação", o que significa o aprendizado de uma nova cultura (chamado também de socialização)." A 'aculturação' é o encontro de dois ou mais culturas (SCHREITER,1989, p. 245-247).

A inculturação e a contextualização parecem ser os termos mais apropriados para designar como a tradição iniciada no Tepeyac é um desafio ao sistema imposto pelos conquistadores, e, em uma situação tão concreta como aquela, as sementes do evangelho foram semeadas. A nova fé e a cultura local são tomadas como parta de uma só mensagem.

Inculturando o evento

A mensagem guadalupana está constituída por elementos da cultura nahuatl, na qual acontece o evento, introduzindo novos elementos culturais. Os aspectos se fundamentam em uma só mensagem. O evento guadalupano levou em consideração os principais valores do povo, das tradições, do mundo simbólico e da linguagem. A linguagem nahuatl é usada para se comunicar, penetrando na esfera dos valores locais. A comunicação não fica no primeiro nível, que consiste em ser capaz de falar apenas algumas palavras em outra língua; também não no segundo nível que capta alguns sentimentos e algumas emoções do povo, porém alcançou o nível mais profundo que usa e entende os símbolos da vida, da história e das crenças religiosas dos astecas, de maneira apropriada (MONGARDI, 1981, p. 90). O evento de Guadalupe foi capaz de entender o mundo asteca. Aí introduziu a esperança e a força necessária para levantar o mundo destruído e levar o povo para a "libertação" penetrando no conhecimento de Deus.

O evento foi inteligível e cheio de sentido para o povo nativo, mas não para os estrangeiros. Para os missionários e soldados, em geral, os fatos do tepeyac não foram claros. Eles não estavam, ainda, na posição de entender a forma local de se comunicar, não podiam aceitar a tradição que estava nascendo. Para eles, o quadro geral do evento parecia ser uma invenção, uma piada, uma tentativa dos índios de restabelecer sua antiga religião (ELIZONDO, 1977, p. 154).

Os estrangeiros duvidavam, divergiam e acusavam os índios de idolatria. Os conquistadores relacionaram rejeitando o que o índio Juan Diego estava propondo como verdadeiro. Os missionários eram os que supostamente deviam receber as mensagens divinas e não os "infiéis". Porém a Senhora do Tepeyac, que revelou sua identidade pouco a pouco como afirmou sua eleição pelos povos roubados e oprimidos (Lc 1,52).

Podia ser aceito o testemunho de Juan Diego como verdadeiro? Existe algum modo pelo qual podemos analisar que o evento seja coerente com a ortodoxia da fé cristã? Por acaso existem alguns critérios para isso? Poderíamos usá-los como parâmetro no trabalho missionário transcultural?

Quero adentrar no tema da inculturação do evento na cultura local, considerando em primeiro lugar uma citação de Bernardino de Sahagún. Este foi o primeiro a estudar seriamente o começo da evangelização no México, a aproximação da cultura, vista a partir de dentro da cultura[1]. Um segundo autor é Robert Schreiter (1989), quem propõe alguns critérios desde "fora" da cultura e faz uma relação com a inculturação de uma mensagem determinado ambiente[2].

1. Os critérios de Bernardino de Sahagún

Sahagún não apresenta de maneira clara os pontos a seguir como critérios para a inculturação do evangelho nas novas terras. Ele esteve escrevendo sob pressão da Inquisição. O rei Felipe II proclamou uma lei contra todos os escritores proibindo mencionar qualquer coisa sobre os costumes e ritos das novas terras, pois pensavam que estavam relacionados com a idolatria (RICARD, 1986, p. 116). Sahagún expõe o ponto com relação ao tema, dizendo que pode existir idolatria e o que hoje sabemos da inculturação da mensagem cristã. "Os missionários no México adotaram o conceito de 'tabua rasa' para destruir a idolatria e tudo o que trouxer memória do assunto" (RICARD, 1986, p. 286). Eis o texto mencionado:

> No México na festa de Cihuacóatl, também chamada de Tonantzin: em Tlaxcala, na festa de Toci (nossa avó); em Tianquisma-

[1] O que quero dizer por "desde dentro" é que mesmo que Sahagún não tenha conseguido entender completamente o mundo nahuatl, os esforços para entendê-lo são mais que evidentes. Ele esteve presente nos primeiros anos de evangelização do México.

[2] Desde "fora" significa que, após muitos anos de reflexão sobre os distintos métodos aplicados no processo evangelizador, Schreiter (1985) elaborou alguns pontos que podem ser aplicados nesse caso.

> nalco, na festa de Tezcatlipoca; e para que o costume não fosse perdido entre os povos que a festejavam, convenceram aquelas províncias que continuarem vindo, pois já tinham a Tonatzin e Tozitin e Tepochtli, que exteriormente soa ou fez soar a Santa Maria, a Sant´Ana e a São João Evangelista ou o Batista e no pensamento popular das pessoas de aí está claro que é o antigo e não é o meu parecer que seja impedido a vinda, nem a oferenda; mas é meu parecer que sejam desenganados do engano que padecem, dando a entender, aqueles dias, que aí está a falsidade antiga e que não está conforme ao antigo e isto deveriam de fazer os predicadores e bem entendidos da língua e dos costumes antigos que eles tinham e também na escrita divina (SAHAGÚN, 1985 p. 706).

Aqui encontro articulados os três pontos de Sahagún para a contextualização da fé no ambiente não cristão.

1º Critério: Deixem-os vir com suas oferendas

Sahagún sugere não impedir o povo em massa de vir e trazer as oferendas. Esta é a régua da 'continuidade e substituição' que o papa Gregório I, o grande, recomendava a Agostinho de Canterbury e seus missionários da Inglaterra no ano de 594 d.C.

> A destruição dos templos pagãos não é oportuno. Se os templos são bem construídos, por que não os dedicar ao verdadeiro Deus? Desta forma os fiéis, ao acudir ao lugar, não têm de mudar os costumes. E por que não cristianizar as festas, inclusive os banquetes, nos que matam touros em honra aos ídolos, deixando-os que comam nas festas do Senhor ou dos santos mártires? Que possam desfrutar, ainda de algumas alegrias exteriores, portanto aceitem as alegrias interiores. De fato, de qualquer maneira é impossível privar de vez de tudo os corações duros das pessoas, como também quem quer subir ao lugar mais alto, eleva-se gradualmente, passo a passo, não aos pulos (MONGARDI, 1981, p. 8-9).

Infelizmente, o método aplicado para a evangelização ia também misturado com os elementos da conquista.

> Não se tem remarcado suficientemente que uma porção considerável, o melhor ainda, a maioria dos índios do antigo império mexicano, foram obrigados na primeira metade do século XVI a abandonar a própria religião local pela força, pois, desde o início, graves sanções foram impostas a quem persistia nas crenças dos antepassados sem ter recebido o batismo (JIMÉNEZ MORENO. 1958, p. 418).

Não era fácil distinguir entre conquista e a proclamação do evangelho nesse contexto. Na América Latina, a tarefa dos espanhóis trazia uma mistura do anúncio do evangelho com uma grande dose de conservar a integridade da religião e ambição por ganhar mais terras para Espanha, "Para Colombo e o rei, este era um empreendimento econômico e não a busca de almas" (GUTIERREZ, 1981, p. 23). Neste critério, Sahagún está de acordo em deixar que as pessoas se aproximem levando a oferenda para as celebrações dos deuses locais. Ele recomenda conservar viva a tradição, mesmo que as pessoas não estejam distinguindo claramente entre o Deus cristão, os Santos, a Virgem Maria e as deidades astecas.

No relato do Nican Mopohua[3] encontram-se alguns versos que têm o critério de permitir as pessoas ir ao 'novo' centro da fé com seus dons. "Primeiro se deixou ver de um pobre índio" (v. 2). A Senhora não colocou nenhum obstáculo, nem condição para que Juan Diego se aproximasse. "Ouviu que era chamado de cima da colina e lhe diziam: Juanito, Juan Dieguito" (v. 13). Falou-lhe na própria língua, logo ele poderia responder por si mesmo. "Apresentar e dar todo meu amor... (v. 23), a você, a todos vocês juntos... e aos outros... (v. 24) e ouvir vossas lamentações..." (v. 25). Ela não apenas deixou o povo se aproximar, mas pediu que trouxessem todos os problemas e sofrimentos com um tipo de oferendas. Ela escuta todos os que têm a vontade de conhecê-la e amá-la. "A Senhora do céu que lhe aguardava" (v. 34). Ela tomou a iniciativa de ter uma casa onde o povo possa ir vê-la a qualquer hora. "A Senhora lhe ordenou que subisse... onde antes lhe tinha visto" (v. 79). Finalmente, Juan Diego "trouxe à Senhora do céu, as diferentes rosas" (v. 85).

Pode-se notar que a confiança entre a Senhora e Juan Diego vai crescendo aos poucos; e foi por esta aproximação que

---

[3] Nican Mopohua (significa "Aqui é narrado") é o relato em náhuatl das aparições de Nossa Senhora de Guadalupe no México, que ocorreram na colina de Tepeyac, ao norte da Cidade do México. Nican Mopohua são as duas primeiras palavras da história de autoria do indígena Antônio Valeriano.

a Senhora logrou o primeiro passo na evangelização de Juan Diego. Não existe restrição ou limitação alguma sobre o índio para que venha a ela, somente que a ame.

2º Critério: Tirar as pessoas da ignorância

Uma vez dado o primeiro passo, as pessoas precisavam de ajuda para descobrir a novidade da mensagem cristã, pois era o primeiro contato com o evangelho. A diferença e a novidade do cristianismo não as impediam de participar das antigas festas, que os missionários descreviam como pagãs. Mas a dificuldade era conduzir as pessoas para a compreensão da nova mensagem por meio das palavras e dos ritos que eram familiares aos índios e, portanto, adentrar-os no conhecimento do novo Deus. Certamente, foi difícil discernir os costumes e as crenças locais, para introduzir gradualmente a nova doutrina. O que ficou claro para Sahagun foi o princípio de iluminar as pessoas com o fim de tirá-las do erro em que se encontravam.

O relato do Tepeyac apresenta um diálogo interessante entre os personagens, revela parte do conteúdo da mensagem, por exemplo, a origem e a identidade da Senhora e o propósito da vinda dela. O texto diz: "Começou a brotar a fé, o conhecimento do verdadeiro Deus por quem se vive" (v. 14) e é revelado aos indígenas. "Logo ela falou... eu disse... mãe" (v. 23). Conforme acontecem os encontros, cresce o mútuo conhecimento. "Com prazer irei cumprir seu mandato" (v. 45), "Irei fazer tua vontade" (v. 46). Juan Diego estava sendo instruído na mensagem que levaria; a relação com a Senhora vai-se acentuando e vai ser mais efetiva que o aprender de memória o catecismo. "Depois que a Senhora do céu lhe deu o conselho, ele se colocou a caminho... já contente e seguro de que tudo sairá bem" (v. 89), Ela arriscava o êxito da missão escolhendo um índio como mensageiro. Ele representa o mundo nahuatl (as flores, a verdade). "Apareceu de repente a admirável imagem da sempre Virgem Santa Maria, mãe de Deus... chamada Guadalupe" (v. 107; 119). Não existe dúvida de que a Senhora instruiu a

Juan Diego, tirando-o da ignorância, até o levar a um novo conhecimento e a uma nova relação com o divino.

Sahagun faz referência às pessoas que vivem na ignorância. O povo asteca ignorava tudo sobre o cristianismo, por isso os missionários trabalhavam na instrução da nova doutrina. Alguns evangelizadores adotaram o método da 'tábua rasa', afastando o povo das próprias tradições e do estilo de vida. Sahagun, ao contrário, sugere ir devagar, levando em consideração os costumes locais.

O Nican Mopohua reafirma a ideia do missionário franciscano, pois Antônio Valeriano, autor do relato, começa descrevendo as aparições-encontros, com um 'fundo paradisíaco' inspirado nos elementos mitológicos da cultura nahuatl, apresentando a Juan Diego como se estivesse no paraíso descrito pelos antepassados (HERNÁNDEZ ILLESCAS, 1985). Neste ponto, Guadalupe intervém para esclarecer a dúvida de que tudo seja um conto, "Eu sou a sempre Virgem Santa Maria, mãe do verdadeiro Deus por quem se vive; do Criador vem tudo; Senhor do céu e da terra" (v. 22).

É proveitoso recordar o que o missionário Toríbio de Motolinia escreveu:

> Já que os predicadores começaram a soltar a língua e pregavam sem livros... O primeiro foi dar-lhes a entender aos índios quem é Deus... e logo junto com isso, foi necessário dar-lhes também entender quem era Santa Maria, porque, somente até então, chamavam a Maria ou Santa Maria e dizendo este nome pensavam que chamavam Deus, e a todas as imagens que encontravam as designavam à Santa Maria (MOTOLINÍA, 1984, p. 4).

Em minha opinião, os índios podiam distinguir os deuses e as deusas nas imagens vendo se tinham máscara. Os deuses locais eram identificados pela máscara. Em um primeiro contato, as imagens cristãs eram diferentes e poderiam parecer todas iguais para os mexicanos. As imagens cristãs não eram vistas como divinas porque não tinham a máscara. Os índios as pintavam e esculpiam sem máscara. No poncho de Juan Diego, uma vez estampada a imagem de Guadalupe "por grande que fosse a Senhora, não era uma deusa. Não tinha máscara como os deuses dos índios" (ELIZONDO, 1977, p. 155).

Entretanto, a imagem em si mesma de Guadalupe não era identificada totalmente como uma Deusa; mas com a expressão "mãe de Deus" ou "mãe dos deuses", certamente sim.

3º Critério: A preparação dos missionários para empreender a tarefa Evangelizadora em uma cultura diferente

Sahagun dizia: "Seja na língua, nos costumes antigos e também na Escritura divina" (SAHAGÚN, 1985 p. 709). O que equivale a dizer existe uma preparação nas línguas, na cultura, na antropologia religiosa e nos estudos bíblicos. Os missionários, conhecendo mais a realidade do povo, compartilhando a vida e o contexto, isso foi essencial para interpretar a revelação, a Escritura e as outras formas de ensinar para os indígenas. Penso que conhecendo mais a realidade do povo e compartilhando mais com eles a vida e o ambiente, é fundamental para interpretar a revelação, a Sagrada Escritura e a tradição da Igreja a partir do ponto de vista do povo do local. O texto de Sahagun foi uma sugestão de preparação para os primeiros evangelizadores do México. Também os sábios astecas, Tlamatinime, tinham recebido um bom treinamento nas diversas artes, por isso eram os intérpretes oficiais das tradições.

Como estavam evangelizando os missionários? Sahagún escreveu outro texto dizendo o que deveria se preservar, mudar-se e se substituir na evangelização, da cultura. Ele pressentia o terrível resultado da evangelização, que começa com o princípio da "tábula rasa", como foi o caso com a cultura mexicana.

> Com a vinda dos espanhóis, acabaram desprezando todos os costumes e as formas de governar que tinham os povos locais e quiseram reduzi-los à forma de viver da Espanha, tanto nos aspectos divinos como humanos, tendo entendido que eram idolatras e bárbaros... Por isso foi necessário destruir tudo o idolátrico (RICARD, 1986, p. 297).

Sahagún termina dizendo:

> Por um lado, os que têm plena consciência de que é impossível governar e cristianizar adequadamente uma população desconhecida, sem ter estudado antes com dedicação e simpatia. São estes os que pensam os problemas indígenas como fundamentais e estão plenamente convencidos de que a nova cristandade não poderia estabelecer-se, nem subsistir apenas a base de instruções europeias. Pelo lado oposto temos a massa... Os sofrimentos da raça conquistada. (Os dirigentes) são os que pretendem manter o povo conquistado em estado de inferioridade perpétua. Nunca lamentaremos o suficiente que na Nova Espanha tenha vencido a segunda visão (RICARD, 1986, p. 354).

Os missionários tinham-se preparado para evangelizar de acordo com a mentalidade do tempo, o que não era cristão era pagão. Atualmente vemos que qualquer preparação para o trabalho transcultural implica respeito dos valores culturais e das crenças religiosas dos destinatários da mensagem do evangelho.

Levando em consideração o Nican Mopohua, desejo assinalar como a Senhora prepara e anima a Juan Diego para empreender a tarefa de levar a mensagem para o bispo: "Lhe dirás como eu te envio... contaram-lhe pontualmente quanto tens visto e admirado, e o que tens ouvido" (v. 26). Juan Diego vai transmitir a própria experiência, fruto do encontro com a Senhora e o desejo dela. Juan Diego diz ao bispo: "Mandou-me outra vez para te encontrar (v. 102); pegou as flores com seu poncho... para que as trouxera... (v. 103); nem por isso duvide (da palavra) (v. 104), Olha que estava no paraíso (v. 105), para que apareça a verdade de minha palavra e minha mensagem" (v. 106). Juan Diego cumpriu a missão levando as palavras de Santa Maria e pondo todo o seu esforço nisso.

Todo o evento do Tepeyac é por si mesmo o modelo de evangelização inculturada que foi posto em prática. Adopta os valores da cultura com respeito; a mensagem apresentada não foi desvirtuada durante os acontecimentos, a finalidade se cumpriu, os índios são relegados ao estado de inferioridade, por isso um deles é escolhido como embaixador da missão. Além do mais, os critérios de Sahagún favoreceram o trabalho de outros missionários, como Bartolomeu de las Casas, que tentou contextualizar a mensagem do evangelho no ambiente local. A mensagem não apenas está dentro dos critérios de Sahagún, mas vai além, respondendo à complexa situação do povo.

2. Os critérios de Robert Schreiter

Os critérios de Schreiter (1985, p. 117) são apresentados no livro que escreveu: *Constructing Local Theologies* onde estabelece que estes critérios são simplesmente uma proposta. Nos últimos anos, os autores interessados na relação fé e cultura têm desenvolvido alguns critérios de análise do binômio (AZEVEDO, 1982, p. 59-71). Em meu pensamento parece mais completo e atual Bob Schreiter (1985), por isso ponho o evento guadalupano à luz de tal proposta.

1º Critério: Coesão interna da mensagem

Coesão significa consistência e convicção que dão identidade ao conteúdo em coerência com a prática. Por exemplo, a verdade de que Jesus Cristo é a total revelação da salvação de Deus é vital. Se uma formulação teológica é claramente ratificada, sem convicção nem convicção e não está em sintonia com o resto do conteúdo cristão; ou requer uma mudança radical da tradição, então há muita probabilidade de que não encontre coerência, compreensão e uma boa prática cristã (SCHREITER,1989, p. 181).

O que dizer aos que identificam *Tonazin* com Maria de Guadalupe, estaria na mesma linha da tradição cristã? Fidel Chauvet (1981b, p. 34) afirma que os evangelizadores suspeitavam que o culto exclusivo favorece a idolatria, pois ainda, no recente tempo pré-hispânico, o Tepeyac tinha sido lugar de celebrações no templo de Cihuacoatl, a mãe da humanidade, de acordo com a mitologia nahuatl e que familiarmente era invocada com o nome de Tonantzin, que significa nossa mãe.

Os missionários pensavam que na cabeça das pessoas havia uma identificação entre Tonantzin e Guadalupe. Talvez eles concluíram que era porque o povo viu em Guadalupe, a que devolveu a vida dos deuses antigos que já "tinham morto" com a conquista. Os estrangeiros rejeitaram qualquer aparição de Maria no Tepeyac, especialmente por ter características indígenas.

O texto de Sahagun (1985, p. 704-705) diz: "É algo que deve ser corrigido, porque o nome da Mãe de Deus, Nossa Senhora, não é Tonantzin, mas Inantzin". Sahagún (1985) nunca identifica Tonantzin com Guadalupe, e os missionários substituem Tonantzin por Guadalupe, "tomado a ocasião dos pregadores que Nossa Senhora a Mãe de Deus a chamam Tonantzin" (SAHAGÚN, 1985, p. 705). Assim, no texto da Sahagun, são personagens diferentes. Se ele não mencionar a origem de Guadalupe é talvez devido à lei do rei Felipe II de permanecer em silêncio. A afirmação de Sahagun é confirmada por Chauvet ao dizer que a palavra Tonantzin não é encontrada no relato do 'Nican Mopohua' e, portanto, não é estritamente identificada Tonantzin com Guadalupe.

> No Nican Mopohua propriamente, nunca chama a Maria Santíssima, Tonantzin... mas, fiéis às prescrições Sahaguntinas, chamam Santa Maria, Deus Inantzin, ou seja, Maria Mãe de Deus (CHAUVET 1981, p. 198).

Valeriano, autor da narrativa, específica que a Senhora apareceu no Tepeyac é a verdadeira Mãe de Deus. Valeriano foi um índio cristão. Afirma que a Senhora é a mãe de Deus, provavelmente distingue ambas as tradições, porque as duas tradições têm conceitos diferentes: "Mãe de Deus" e "Nossa Mãe". Chauvet (1981, p. 191) acrescentou: "Ele utilizou Valeriano e sua equipe possível de informantes, de índios anciãos que conheciam em primeira mão a história Guadalupana"? Seguramente assim foi.

O evento também tem recursos de acordo com o Evangelho e a tradição cristã: amor, cuidado, dignidade, fraternidade etc.

Os povos oprimidos eram privilegiados para a 'boa notícia'. Jesus diz que veio especialmente para aqueles rejeitados e despossuídos, anunciando que seu Pai se preocupa com eles, e ele vem para dar testemunho (cf. Lc 4,18-19). O evento também contém essas facetas. Os povos conquistados, a grande massa do povo de hoje, são escolhidos para receber, transportar e testemunhar o que Deus Cristão se tornou possível através dos acontecimentos da Tepeyac[4]. Maria apresenta, portanto, um Deus que se preocupa com os "últimos", deixando evidente que o Deus da vida está vivo.

Concluindo, posso dizer que o evento é consistente com a tradição cristã. Sua novidade não está em desacordo com a tradição cristã. O conteúdo da mensagem apresenta uma consistência de acordo com o evangelho. Guadalupe é a mãe de Deus, como ela disse. O relato vai de acordo com o ensinamento da tradição com os elementos locais.

2° Critério: contexto Litúrgico

Há um princípio que diz: *"Lex credendi, lex orandi"*, é a lei de acreditar que ele segue a lei da oração. Se o Senhor está realmente presente na comunidade através da palavra e do sacramento, então o que é expresso é a chave para a identidade cristã. A verdadeira expressão da teologia contextualizada deve ser capaz de se transformar em oração e louvor. Algo semelhante deve haver com a prática litúrgica que deve existir (SCHEREITER, 1985, p. 118-119). Um verdadeiro clima de oração, fé e louvor, não é dado com puro entusiasmo. O conhecimento mútuo e um clima de confiança entre os participantes são básicos. A oração comunitária é feita em um ambiente familiar.

Lendo o Nican Mopohua e vendo o contexto cultural da época, para os astecas, a vida era sagrada, porque a razão de viver era cumprir a vontade de Deus; a mística de salvar toda a

[4] Lembramos as peregrinações e outras manifestações de fé como verdadeiros valores. A religiosidade popular tem sido reconhecida como rico e autêntico meio da fé (cf. Medellín, n. 1-15; EN, n. 48).

criação valia a pena na medida em que o ser humano se conecta tanto à realidade de Deus com o mundo. Assim, o povo diante de qualquer sinal da presença divina, quanto era sensível a tomar uma atitude apropriada para com a divindade.

Nos versículos do Nican Mopohua encontramos que Juan Diego percebe que ele está prestes a ter uma experiência única: "Eu sou digno de que eu ouço?" (v. 10). Estou "talvez no paraíso terrestre, que falaram os nossos ancestrais idosos? Por acaso estou no céu?" (v. 11). Para os mexicanos, estar na terra florida era o melhor lugar que se poderia esperar, quer dizer, era o paraíso, onde moravam junto com a divindade. O grupo de versos (14 a 19) é a descrição de um ritual de louvor a Deus no contexto nahuatl e não tem elementos estranhos à tradição de fé. "Juan Diego não se intimidou em nada... foi subindo o morro" (v. 14). "Quando ele chegou ao cume viu uma senhora que estava lá de pé" (v. 15). "Muito se maravilhou com sua grandeza sobre-humana" (v. 16). "Sua roupa era brilhante como o sol" (v. 17). Todo ambiente em torno ficou convertido em um paraíso (cf. v. 18). "Ele inclinou-se diante dela e ouviu a sua palavra" (v. 19).

Um segundo grupo de versos do texto do Nican Mopohua (69-88) descreve o diálogo entre a Senhora e Juan Diego; é uma conversa em que há confiança, fé, esperança e respeito. Eles estão em uma atmosfera de oração, a fala começa com o cumprimento um ao outro. Enquanto isso ele dá a conhecer suas preocupações, que revelam pouca esperança de ver o tio se recuperar do mal que o oprime (v. 69-73). Ele pede perdão e desculpas (v. 74). Ela o conforta dando alívio e esperança (v. 76-77), até "ficar contente" (v. 78). Juan Diego repete a cerimônia ritual de subir ao morro, onde vão encontrar as diferentes flores (v. 80), as que serão sinal e prova do desejo da Senhora (v. 86). Exibe e descobre seu poncho, ou seja, sua identidade (v. 87). Finalmente, Juan Diego recebe a ordem de dizer tudo o que ele tem experimentado (v. 88). Juan Diego ficou renovado com o diálogo que constrói a confiança com a Senhora. Ele estava pronto para continuar a missão, e que se recusou a crer "foi convertido" (v. 108-109), e encantado com a imagem (v. 110). "A cidade inteira se converte, vai para ver e admirar... e rezar para a Senhora" (v. 123-124). O encontro entre os dois é enquadrado pela atmosfera típica da oração. Ele tem uma forte experiência interior com a Senhora, que o ajudou a conseguir a energia que precisava para a tarefa missionária. Através desta experiência que conseguiu conhecer a Deus.

Na citação de Sahagún já vista, falamos sobre como as pessoas locais guardam algumas das tradições vivas, como o Tepeyac; outra é as grandes peregrinações do povo de todos os pontos para o Santuário do Tepeyac. Essa tradição de veneração à Mãe de Deus segue viva. No México, o ambiente religioso feito para celebrar a festa guadalupana chama a atenção, mas esta celebração não constitui o coração da tradição, mas "o milagre de Guadalupe está em ser uma comunidade de praticantes" (ELIZONDO, 1980, p. 111), que enxergam na 'Morenita' o rosto de Deus. O verdadeiro milagre parece estar no coração do povo, onde cresce a fé, uma fé que sustenta a esperança durante o difícil peregrinar da vida. Este segundo critério parece se encaixar bem no espírito do ensinamento da Igreja Católica. O evento em si mesmo é um constante louvor ao Deus da Vida e da Esperança.

3° Critério: a práxis da comunidade

O conceito de práxis vai além da mera ação para incluir uma reflexão sobre essa ação. O que os cristãos fazem é fundamental para determinar o que os cristãos são. É um critério de *ortopraxis* como o Evangelho diz: "Pelos seus frutos os conhecereis". Podemos chegar conhecer a autenticidade da fé observando o agir cotidiano; quando a ação vai além da mera formulação intelectual para se conectar ao ambiente específico da vida, ela nos leva a concluir que crer ou não crer na veracidade (SCHEREITER, 1985, p. 119), por exemplo, um determinado tipo de teologia que chama para a ação violenta contra o opressor é errado, tanto quanto a teologia que justifica a opressão com tranquilidade.

O conceito da práxis não implica uma única ação ou um período curto de prova. De acordo com o relato do Nican Mopohua, Juan Diego era um neófito que estava na caminhada para aprender a doutrina cristã (v. 7). Ele encontrou a Senhora que lhe deu ordens (v. 27). Ele foi ver os "representantes de Nosso Senhor" (v. 21,29). Juan Diego foi respeitoso com eles (v. 30). Ele voltou triste da cidade (v. 33). A Senhora o animou, assim foi contente ver o bispo (v. 45). Mais uma vez, Juan Diego, em um de boa maneira, cumprimenta o bispo (v. 51). Juan Diego retorna e é perseguido pelos servos do bispo (v. 56). A missão não tinha sido cumprida e ao retornar encontra uma dificuldade a mais: o tio estava gravemente doente (v. 60), mas é confortado dos sofrimentos pela Virgin (v. 75-77) que, mesmo assim, pede de ser enviado (v. 78). Depois de todos os obstáculos encontrados (v. 90-96), consegue ver o bispo (v. 99). Juan Diego cumpriu sua missão, e reconciliou-se com o bispo (v. 111). Seu comportamento não estava errado, muito menos desrespeitoso com o bispo e os servos. Para mentalidade nahuatl, ele agiu como tinha sido educado, especialmente com os idosos e sacerdotes. No entanto, não tinha sido bem recebido na cidade, a bondade da Senhora inspirou-o a continuar agindo da mesma maneira. Este é o mesmo caso dos povos conquistados, que apesar de sofrer as consequências da conquista[5], sentiu-se ligado à Igreja e aos representantes do Nosso Senhor".

Vendo a tradição, encontramos que o evento de Guadalupe foi a peça que trouxe unidade e esperança para todo o país. Desde o início da tradição, o evento é considerado por alguns autores[6] como um mero símbolo, um meio para substituir as divindades astecas. Outros defendem a historicidade das aparições indo até o extremo e inventando milagres[7]. Ambas as tendências concordam

[5] "Os índios pareciam mortos pintados... eram menos que animais... estavam todos em agonia" (GUTIÉRREZ, 1981, p. 44-45).

[6] Usualmente, esse grupo é chamado "antiaparicionista" e rejeita totalmente as aparições. Mas é bom esclarecer que nem todos afirmam que Guadalupe foi colocada para preencher o lugar da deusa asteca.

[7] Esse grupo é denominado "Aparicionista".

sobre os efeitos do evento (RODRIGUEZ, 1980), que permanecem em vigor até hoje. A prática da fé cristã está marcada pela presença da Mãe de Deus. Por um lado, encontramos que 43,8% dos mexicanos consideram Maria como o personagem sagrado mais importante de sua vida[8], por outro lado, vemos uma contradição óbvia, "México é o país da corrupção flagrante, da desigualdade, das injustiças sociais mais gritantes, dos comportamentos opostos ao cristianismo professado" (RODRIGUEZ, 1980, p. 9). De tal modo parece como se fossem dois mundos diferentes, mas por quê? O problema existe não só no México. Maldonado, falando de religião popular, afirma:

> Na Igreja Católica sofremos uma dicotomia mais ou menos esquizofrênica, por um lado, as pessoas e as comunidades, fiéis seguidores... e, por outro lado, o povo (uma parte), que continua mais ou menos distante... mas segue cultivando as próprias tradições, costumes piedosos, devoções... Este dualismo... afeta o coração mesmo da comunhão eclesial (MALDONADO, 1985, p. 189).

Dussel acrescenta também: "O núcleo da religiosidade popular está sem contaminação, longe do Estado e da Igreja, que ficou sob o controle do mesmo povo". Ele conclui: "A missão da América Latina foi substancialmente a introdução da sacramentalidade católica de tipo hispânico" (DUSSEL, 1986, p. 119). Em geral, desde o início da conquista, a Igreja não se adequa com a mentalidade local, foi apenas uma sobreposição de práticas que criam um abismo que permanece em aberto até hoje[9]. Mesmo que exista uma contradição, a práxis do evento tem sido positiva, com a tarefa de continuar construindo o templo que congregue todos como irmãos em um mesmo povo e mesma nação.

[8] Para mais informações, consultar o Instituto Mexicano de Estúdios Sociales (1975, p. 46).

[9] Os bispos americanos, em carta pastoral de 12 de dezembro de 1983, escrevem: "Um diálogo mais pessoal é necessário entre a prática popular e a oficial, assim como a perda do primeiro do uso do evangelho e depois a quase nula participação dos mais pobres e simples fiéis (Medellín, 3). Uma profunda vida eclesial vibra diante do sentido do transcendente, como encontra-se no catolicismo popular hispano, sendo uma forte marca de testemunho para os membros mais secularizados da nossa sociedade". National Conference of Catholic Bishops, The Hispanic Presence: Challenge and Commitment (Washington, 1984), p. 26.

4º Critério: O juízo das outras Igrejas

Uma teologia local deve ser aberta a qualquer crítica construtiva, por parte das igrejas. A vontade de aprender, crescer e dialogar com os outros é um bom sinal da autenticidade dessa teologia. A comunhão com outras igrejas locais é o básico para a fé católica. Uma igreja local que se fecha em si mesma de qualquer relação e recebe um julgamento, não pode preencher os requisitos deste critério, isso aplica tanto às igrejas jovens como antigas.

O Magistério da Igreja desempenha um papel muito importante, servindo como um quadro de teologias emergentes. Negar que uma teologia pode ser supervisionada pelo magistério é a prova de que a sua viabilidade é duvidosa (SCHEREITER, 1985, p. 119-120). Temos, em primeiro lugar, no Nican Mopohua, o jogo do bispo e dos evangelizadores, de certa forma, o papel do magistério, que é supervisionar o que estava emergindo no Tepeyac, as palavras e obras, os elementos já cristãos e os que davam alguma suspeita de não serem. "A seguir ele deu o recado da Senhora do Céu" (v. 31). O bispo respondeu: "Outra vez virá meu filho e você vai ser ouvido mais lentamente; verei-o muito desde o começo e pensarei sobre a vontade e desejo que trouxe" (v. 32). Este é o primeiro passo: escutar, analisar o pedido e ver com calma. A resposta do bispo é clara e lógica, resposta válida para qualquer pessoa, rica ou pobre, índio ou espanhol. Juan de Zumarraga era muito sensível e respeitoso em suas relações com a população local. Juan Diego diz: "Ele me recebeu graciosamente e me escutou atentamente" (v. 37). No segundo encontro, Juan Diego "veio direito a Tlatilolco, para instruir-se das coisas divinas e estar presente" (v. 49). De fato, os missionários estavam no início da tarefa evangelizadora e ensinavam a doutrina cristã à maneira europeia. O povo era contado quando participavam da igreja (v. 50). "O bispo se certificava, perguntou muitas coisas" (v. 52). "Mesmo que explicasse com precisão a figura dela (v. 53) "(o bispo) não lhe deu crédito e disse que não apenas por seu pedido e solicitude iria fazer o que pediu" (v. 54). Falar de aparências não é uma questão simples. "Era necessário um sinal" (v. 54). Mas antes o bispo queria saber quem era o índio. "Enviou algumas pessoas da casa dele... que o seguiram e o vigiaram" (v. 56). Quando Juan Diego recebeu a prova, disse ao bispo: "Senhor fiz o que você me ordenou... (v. 100), para que possa ver o sinal de que você pede e cumpra a vontade" (v. 106). "Então ele viu o bispo e todos os que estavam aí se ajoelharam, admiraram-se (v. 108)... o bispo com lágrimas de tristeza rezou e pediu perdão" (v. 109). "O bispo transladou a santa Imagem da amada Senhora do céu fora do oratório... para que todas as pessoas olhassem e adorassem a imagem abençoada" (v. 122).

Naquele tempo, os líderes da Igreja não viram com bons olhos o evento em geral. No que diz respeito ao relato, pode-se concluir que, inicialmente, o bispo desafiou a autenticidade do desejo da Senhora e não aceitou o mensageiro até que o índio provasse a verdade através de um sinal concreto. Ao final, o bispo estava convicto de que o Índio não estava inventando a história e, no meio de tudo isso, o bispo chegou a discernir de que poderia ser parte do plano de Deus. Os fatos de Tepeyac têm sido postos à prova desde o início, mas a mesma expansão no mundo é a melhor prova da validade. Em 1537, uma imagem de Guadalupe foi levada para a América Central. Em 1564, Andrés Urdaneta começou o culto de Nossa Senhora de Guadalupe nas Filipinas. Puerto Rico também aprovou o culto no final do século XVI, e dois séculos mais tarde, seu culto se espalhou por toda a Europa. Foi declarada padroeira da Nova Espanha (desde Califórnia até Salvador) em 1746 (GARIBAY, 1984, p. 200-201).

O evento, nas várias dimensões, tem sido aberto a todos os tipos de testes e provas. A fé do povo tem sido a mais contestada. As múltiplas manifestações de piedade popular eram (são) pontos de vista com um ponto de interrogação. A fé do povo foi tomada como uma mistura de superstição, sacramentalismo, ritualismo e outros elementos, lançando dúvidas sobre a veracidade da fé. A prova material do evento é a imagem impressa que constantemente está sendo testada utilizando os mais modernos equipamentos para ditar a natureza da imagem; que serve tanto para tornar mais confiante a autenticidade do fato do Tepeyac.

5º Critério: O desafio diante das outras Igrejas

A comunidade local deve contribuir positivamente para que a Igreja cristã entenda que ela mesma é um todo, seja afirmando o que já se sabe pela tradição ou estendendo-se para novas circunstâncias. Levando adiante a missão que sai de si mesma e contribui para a coesão de tudo o que a compõe. As teologias emergentes são apresentadas como um desafio, que colocam a prova outras teologias. Através do envio de missionários é capaz de abrir-se às novas circunstâncias que a renovam, tornando-se verdadeiramente católica. Esse é um sinal de vitalidade como sinal de que se caminha para uma maior maturidade (SCHEREITER, 1985, p. 120).

Tendo em vista os fatos de Tepeyac, a mensagem foi revelada a um índio que representava toda a sociedade, especialmente os povos oprimidos, a mensagem foi, e continua sendo, um teste permanente da igreja institucional e dos sistemas que regem o mundo. Por o lado da afirmação, a mensagem é relevante e o bispo Zumarraga reconhece a validade. Por outro lado, gostaria de salientar algumas reflexões.

No texto de Nican Mopohua "Apreciou faz pouco, a sempre Virgem Maria, Mãe de Deus, nossa rainha... que se chama de Guadalupe" (v. 1). Onde se localiza o Tepeyac? Está na área onde o povo pobre e expulso mora, além da calçada, que separa a cidade da periferia. E onde moram os evangelizadores? Na cidade, no lugar reservado aos vencedores. "Tangente às coisas espirituais, ainda tudo pertencia a Tlatilolco" (v. 6). Qual destes dois lugares, o Tepeyac ou Tlatilolco vai de acordo com os ensinamentos do evangelho?[10]

[10] "Jesus não tinha lar próprio. De fato, tinha muito pouco status (posição social). Jesus

No evento, a Senhora se dirige ao índio Juan Diego na própria terra, usando sua linguagem e seus símbolos narrados no Nican Mopohua (cf. v. 9, 20, 22). O bispo nunca aprendeu a língua Nahuatl. Ela chama Juan Diego pelo nome (v. 13), e não pelo número, como na igreja (v. 49-50). "Desejo vivamente que seja construído um templo aqui" (v.23), em outras palavras, vocês, o povo que vive aqui, não tem de ir para a cidade, porque ela quer habitar no meio de vocês, os pobres. Juan Diego tem de se passar por outra pessoa para chegar até o bispo (v. 30), ele e o bispo precisam de um tradutor para se comunicar, e com a Senhora, entretanto, o diálogo é direto, sem intérpretes, "ela saiu ao encontro" (v. 69). Poder falar com o bispo é difícil (v. 32,52), enquanto com a Senhora tudo parece tão familiar (v. 35), dando-lhe uma missão especial, nada fácil (v. 42). O índio fala e o bispo escuta; o índio acredita e o bispo duvida (v. 59, 106, 109). Ela se preocupa com o destino do índio: "Não estou eu aqui que sou tua mãe?" (v. 76). O bispo vive na cidade (v. 90), enquanto a Senhora quer sua casa na periferia.

Esses são alguns dos desafios que o evento e a mensagem dão às nossas teologias e igrejas de hoje. É alternativa para aproximar o povo em nossa tarefa evangelizadora. O evento atinge até o coração das pessoas ao considerar a maneira de ver a vida. A mensagem guadalupana é uma mensagem cristã profunda. "A mensagem não é cristã, porque o nome de Jesus se repete muitas vezes, mas, em vez disso, é cristã dependendo do conteúdo" (DRI, 1981, p. 374)[11].

---

mostra a insegurança do próprio estilo de vida. A fé dele foi fortalecida pelos infiéis... pecadores... Jesus comoveu-se, escutou, recebeu, partilhou, adaptou-se... Jesus foi capaz de enumerar as necessidades... Jesus identificou-se e trabalhou dentro da comunidade local... Jesus sitiou o que custa a adaptação, transição e assimilação cultural e linguística" (GITTINS, 1989, p. 134-137).

[11] Cf. Rubén Dri, "El Mensaje Liberador Guadalupano", Servir 95-96, año XVII (México, 1981), 374.

Conclusão

Os fatos do tepeyac têm encontrado muitos obstáculos para seu desenvolvimento. Este, como muitos outros fenômenos que ocorreram durante a história da Igreja, e do mesmo evangelho, passaram por filtros de prova para poder conhecer a veracidade. O fato guadalupano tem sido afortunado em todos os séculos da história. Os critérios aplicados certificam que a substância do fato vai na linha com os valores do Evangelho e da ortodoxia da Igreja. Portanto o que aconteceu no Tepeyac mostra uma nova maneira de adaptar a fé cristã para a vida dos povos do novo mundo.

A mensagem guadalupana tem muito a ensinar no anúncio do Evangelho. Nossa forma de fazer missão tem sido típica do tempo, antes e depois do Concílio Vaticano II: o missionário que leva o evangelho, mas, em alguns casos, eram muitas coisas e pouco evangelho, ou em outros casos, era só implantar o modelo de Igreja aprendido. Não é fácil reconstruir o caminho. As novas gerações de missionários têm enfrentado com dificuldade a resistência que há para a mudança e renovação a partir das comunidades internacionais, que emergem em diferentes contextos culturais com o único testemunho do Evangelho em terras diferentes das próprias.

O papa Francisco mostra que a formalidade e permanecer sempre no mesmo não é importante, mas o desafio é sair e se aproximar do povo, a pessoa, suas situações e levar até aí a Boa-Nova de misericórdia e de amor. Esse é um dos novos desafios da missão (EG, 20-21). É muito semelhante ao que Morenita fez com Juan Diego. Tomara que este jeito diferente chegue até nossas casas e mesas de encontro, onde podemos refletir e planejar nossa pastoral e missionária à luz do que a Senhora do Céu nos deixou com profundo ensinamento.

Bibliografia

ARBUCKLE, Gerald. *Inculturation not Adaptation: time to change terminology*. Worship 60, 1986.

AZEVEDO, Marcello C. *Comunidades Eclesiais de Base é Inculturação da fé*. São Paulo: Loyola, 1986.

BEVANS, Stephen. *Models of Contextual Theology*. Maryknoll, N.Y.: Orbis, 1992.

BROMLEY, Kent. *Inculturation, Indigenization, and Contextualization*. Maryknoll. N.Y.: Orbis, 1988.

CHAUVET, Fide. *Don Antonio Valeriano y su relación Guadalupana.* México: Servir 93-94, año XVII, 1981.

CHAUVET, Fidel. Historia del Culto Guadalupano, *Album conmemorativo del 450 aniversario de las Apariciones de Nuestra Señora de Guadalupe*. México: Servir, 1981.

CELAM. Documento de Medellin. São Paulo: Paulinas, 1978.

CROLLIUS ROEST, Arij A. *What is so new about Inculturation? A Concept and its Implications*. Gregorianum, 1978.

DRI, Rubén. *El Mensaje Liberador Guadalupano*, México: Servir 95-96, año XVII, 1981.

DUSSEL, Enrique. *La Historia de la Iglesia en América Latina, Coloniaje y Liberación.* México: Nova Terra, 1986.

ELIZONDO, Virgilio. *La Virgen de Guadalupe como símbolo cultural*, Concilium 122, 1977.

ELIZONDO, Virgilio. *La Morenita, the evangelizer of the Americas*. San Antonio: MACC, 1980.

FITZPATRICK, Joseph. *One Church Many Cultures*. Chicago: Sheed and Ward, 1987.

FRANCISCO. Exortação Apostolica *Evangelii Gaudium.* Brasília: CNBB, 2013.

GARIBAY, Ángel M. Los Hechos del Tepeyac. Libro anual, 1981-1982, *Albúm Conmemorativo 450 año*s. México, Servir 200-20, 1981.

GITTINS, Anthony (1989). *Gifts and Strangers, Meeting the Challenge of Inculturation*. Mahwah, Paulist Press, 1989.

GUTIÉRREZ, Gustavo. *Dios o el Oro en las Indias, Siglo XVI,* Lima: CEP, IBC, 1985.

HERNÁNDEZ ILLESCAS, Juan H. *Estudio de la Imagen de la Virgen de Guadalupe*, México: Histórica, 1985.

INSTITUTO MEXICANO DE ESTUDIOS SOCIALES. *La Religiosidad Popular*. México: Paulinas, 1975.

JIMÉNEZ MORENO, Wigberto. *The Indians of America and Christianity*. Americas, vol. XIV, n. 4, 1958.

LEÓN-PORTILLA. Nican Mopohua. *Versión en náhuatl y en español.* México: UNAM, 1975.

MALDONADO, Luis. *Introducción a la Religiosidad Popular*. Santander: Sal Terrae, 1985.

MONGARDI, Carlos. *Guadalupe, Aurora de la Humanidad.* México: Manuscrito, 1981.

MOTOLINÍA, Toribio de. *Historia de los Indios de la Nueva España*. vol. I. México, 1948.

PAULO VI. Exortação Apostolica *Evangelii Nuntiandi.* São Paulo: Paulinas, 1975.

RICARD, Robert. *La Conquista Espiritual de México*. México: FCE, 1986.

SAHAGÚN, Bernardino de. *Historia General de las cosas de la Nueva España*, Libro XI, n. 7. México: FCE, 1985.

RODRÍGUEZ, Mauro. *Guadalupe: ¿historia o símbolo?* México: Edicol, 1980.

SCHREITER, Robert. *Constructing Local Theologies* Maryknoll. N.Y.: Orbis, 1985.

SCHREITER, Robert. *Faith and Cultures: challenges to a world church*. Theological Studies 50. Maryknoll. N.Y.: Orbis, 1989.

SHORTER, Aylward. *Toward a Theology of Inculturation*. Maryknoll. N.Y.: Orbis, 1988.

8

A COOPERAÇÃO MISSIONÁRIA: À LUZ DO MAGISTÉRIO DO PAPA FRANCISCO[1]

Estêvão Raschietti

A tese do texto que apresentamos é que a cooperação missionária intereclesial é o novo nome da missão *ad gentes/ad extra.* A missão abarca hoje em dia toda atividade de cada igreja local, dentro de seu contexto sociocultural e fora dele como cooperação missionária com outras igrejas locais. Protagonista da missão é sempre a Igreja local. A relevância da cooperação missionária intereclesial se dá em sete dimensões fundamentais: teológica, eclesiológica, antropológica, sinodal, pluriversal, ministerial e operacional.

Abordar o tema da cooperação missionária entre as igrejas locais é da mais absoluta importância para entender corretamente a validade da missão *ad gentes* hoje em seu significado mais fundamental, em suas correlações teológicas e implicações pastorais e em suas diversas dimensões vitais para o discipulado missionário.

Sim, porque a cooperação missionária não seria apenas aquela ação de apoio e de *colaboração* dos Povos de Deus à

[1] Palestra proferida no Simpósio Missiológico Internacional on-line em preparação ao 6º Congresso Americano Missionário, promovido pelas Pontifícias Obras Missionárias de Porto Rico e realizado de 8 a 10 de novembro de 2022.

atividade dos missionários, das missionárias e de seus institutos: a cooperação missionária é, de alguma maneira, o nome próprio da missão *ad gentes/ad extra* ou, como a chamamos aqui na América Latina e Caribe, da missão além-fronteiras. Uma missão pluriversal, sinodal e intereclesial em saída. Essa é a tese que defendemos nesse ensaio.

Nesse intento, inspiramo-nos ao magistério do papa Francisco, profundamente enraizado na herança conciliar e na caminhada da Igreja Latino-americana e caribenha.

Apresentamos aqui sete dimensões da cooperação missionária, a sinalizar a altura, o cumprimento e a profundidade da relevância dessa temática para a vida e ação das igrejas em nosso continente e a partir de nosso continente.

1. A dimensão teológica da cooperação missionária

O documento da Congregação para a Evangelização dos Povos *Cooperatio Missionalis* (1998), na primeira sessão dedicada aos princípios doutrinais, fala da "*missio Dei*" (CM 2) e da "*missio ecclesiae*" que nasce do "amor fontal" do Pai (CM 1; AG 2). Deus é o primeiro missionário: quem renasce nele se torna missionário. Todo batizado, portanto, é chamado a entrar nessa "corrente de atividade sobrenatural" (CM 2), ou como deixa claramente a entender o Documento de Aparecida, ao participarmos da missão de Deus nos tornamos "participantes da natureza divina (2Pd 1,4)" (DAp 348). Em outras palavras, a missão insere todo o nosso ser no mistério divino e o mistério divino, profundamente vivido, torna-nos verdadeiramente missionários.

Todavia isso não significa propriamente, como diz a Instrução, que a Igreja "se apresenta ao mundo como a prolongação do mistério de Cristo" ou que haja uma "continuidade" com a missão do Filho. O conceito de "*missio Dei*" quer revelar um Deus Trindade missão em sua essência, ou imanência, e missionário realmente atuante na história da humanidade em sua dimensão econômica. O Pai, o Filho e o Espírito *continuam* sua missão e não delegaram sua missão a uma instituição chamada Igreja.

Na realidade, a Igreja *coopera* com a missão de Deus Trindade. E isso Francisco parece ter muito claro, quando afirma:

> Em qualquer forma de evangelização, o primado é sempre de Deus, que quis chamar-nos para cooperar com Ele e impelir-nos com a força do seu Espírito. A verdadeira novidade é aquela que o próprio Deus misteriosamente quer produzir, aquela que Ele inspira, aquela que Ele provoca, aquela que Ele orienta e acompanha de mil e uma maneiras. Em toda a vida da Igreja, deve-se sempre manifestar que a iniciativa pertence a Deus (EG 12).

O termo "cooperação" é de origem paulina. Com efeito, na 1ª Carta aos Coríntios encontramos escrito:

> Eu plantei, Apolo regou, mas era Deus que faz crescer. Assim, aquele que planta não é nada, e aquele que rega também não é nada: só Deus é que conta, pois é ele quem faz crescer. Aquele que planta e aquele que rega são iguais; e cada um vai receber o seu próprio salário, segundo a medida do seu trabalho. Nós somos cooperadores (συνεργοί) de Deus, mas o campo e a construção de Deus são vocês (1Cor 3,9).

Contudo, também encontramos no NT o inverso, no último versículo do Evangelho de Marcos – que, sabemos, não é de Marcos – que mostra como Deus que *coopera* com os apóstolos: *Eles partiram e pregaram por toda parte, e o Senhor cooperava (*συνεργοῦντος*) confirmando a palavra com os sinais que a acompanhavam* (Mc 16,20).

Essa interessantíssima interação entre Deus e a Igreja missionária foi tema de uma audiência de Paulo VI, de retorno de uma viagem a Uganda em agosto de 1969. O Papa nesta ocasião se pergunta: por que o Evangelho não se difunde por si mesmo, como as descobertas científicas, como as ideias da moda, como as notícias (hoje, diríamos as fake news)? Por que o Evangelho não tem essa virtude de difusão espontânea? Porque a rede de comunicação da fé, diz o Papa, é essencialmente o contato humano para que o Evangelho alcance o coração das pessoas.

E isso é simplesmente paradoxal, afirma Paulo VI: o mistério de Deus precisa do ministério missionário e da missionária: "A caridade de Deus mete em marcha a caridade do homem para realizar seu projeto histórico e social no mundo" (PAULO VI, 1969). Ou melhor, como sintetiza Francisco: "Cristo, com o seu Espírito, dá testemunho de Si próprio através das obras que realiza em nós e conosco" (FRANCISCO, 2020).

2. A dimensão eclesiológica da cooperação missionária

Certamente, de um ponto de vista eclesiológico, um papel principal na missão de anunciar o Evangelho toca sem dúvida a Igreja, simplesmente porque esse papel a define enquanto tal em sua essência: "A Igreja peregrina é missionária por natureza" (AG 2). É "missionária" e, portanto, "enviada" diz o Decreto *Ad Gentes*, e não "missionante", como aquela instituição que somente "envia" missionários. A missão não é eclesiocêntrica, e sim teocêntrica: não é uma ação de expansão da Igreja, mas é essencialmente uma dinâmica divina.

Contudo, como sabemos, a maior novidade do Vaticano II foi o resgate da igreja local em sua essência fundamental e em seu protagonismo apostólico, não mais considerada "parte" ou "parcela" da Igreja universal, mas "porção" (*portio*) do Povo de Deus. Nela tem "toda" a Igreja, mesmo que não seja a Igreja toda. A Igreja só existe concretamente a partir das igrejas locais (LG 23) e não na abstração da Igreja universal, pois "nestas comunidades, embora muitas vezes pequenas e pobres ou dispersas, está presente Cristo, por cuja virtude se reúne a Igreja una, santa, católica e apostólica" (LG 26).

Ao reconhecer a dignidade e a igualdade de cada Igreja local no mundo, todas "missionárias" por natureza – e não somente algumas "missionárias", porque igrejas jovens não suficientemente constituídas – o concílio também sinaliza em definir a Igreja universal não uma igreja *acima* das outras, nem uma *soma* de igrejas locais, menos ainda a *totalidade* da Igreja, e sim uma *comunhão* entre igrejas, unida pelo espírito de catolicidade de cada uma delas, e, portanto, de cooperação missionária de umas com as outras.

Seguindo esse intuito, o Decreto *Ad Gentes* coloca as igrejas locais como protagonistas da missão, antes dos missionários e de seus institutos (cap. III). Porque, de fato, a missão *ad gentes*, mesmo definida em sua atividade caraterística de primeiro anúncio, é sempre a primordial tarefa de qualquer igreja, tanto em seu território *ad intra* (AG 20a), como *ad extra* cooperando com outras igrejas (AG 20h; LG 23). Isso define uma Igreja em estado permanente de missão.

Dessa maneira, passa-se da (antiga) noção de "missões estrangeiras" (*missiones exterae*) para um serviço missionário de cooperação intereclesial. As igrejas locais, mesmo representando uma presença cristã ao estado nuclear em um imenso território densamente povoado, são sujeito primeiro do anúncio do Evangelho naquele contexto e no meio daquele povo. Podem, e muitas vezes precisam, ser auxiliadas por missionários consagrados ou leigos provenientes de outras igrejas, sempre, porém, coordenando a evangelização entre todos os agentes que integram seu plano de ação. Igualmente, cada uma dessas igrejas locais deverá participar "o quanto antes da missão universal da Igreja, também enviando missionários a anunciar o Evangelho por toda a terra, ainda que elas sofram de falta de clero" (AG 20h), pois "o apoio mútuo entre as Igrejas locais tem sido o sinal da Igreja universal" (FRANCISCO, 2018).

3. A dimensão antropológica da cooperação missionária

Já as "missões estrangeiras" eram ações planejadas pela igreja universal, desde fora. Consiste no envio de missionários "profissionais" em terras pagãs para fundar igrejas *ex nihilo*. As "missões" – o próprio uso dessa palavra – surgiram na época colonial. Partiam de maneira unidirecional das metrópoles europeias com destino às colônias para civilizar e cristianizar as populações sujeitadas: o missionário era estrangeiro, a igreja era estrangeira, as terras de missão se tornavam logo "terras das congregações estrangeiras" (MANNA, 1998 [1929], p. 129) que tomavam conta daquele pedaço de mundo.

A finalidade da "missão estrangeira" era a implantação da igreja e a salvação das almas. O processo de formação de uma igreja não visava estritamente a inculturação, e sim a integração à igreja universal dos povos não cristãos em um modelo de igreja que era o ocidental, europeu, latino. De alguma forma, visava-se certa adaptação aos costumes locais, considerando essa adaptação mais uma "concessão" do que um "reconhecimento" da cultura local.

Nesse sentido, a missão moderna *ad gentes* foi de fato o braço espiritual do colonialismo, a quintessência da conquista do resto do mundo por parte do Ocidente. Se por um lado os missionários lutaram para denunciar os inúmeros e graves crimes dos colonizadores contra as populações originárias dos vários continentes, por outro lado nunca questionaram as intenções, consideradas boas, da obra colonial.

Quando dizemos "missão *ad gentes*", dizemos "missão colonial", do superior ao inferior, do civilizado ao bárbaro, do branco ao índio e do negro, do rico ao pobre, do cristão ao pagão, que sem dúvida possui alma e razão, mas não sabe como usá-las adequadamente. Como subordinado, o outro é sempre alguém a ser educado, a ser civilizado, a ser cristianizado, para tornar-se "igual a nós".

Francisco insiste muitas vezes sobre a superação da questão colonial, da missão etnocêntrica e da apologia nacionalista, que, desde a Carta Apostólica *Maximum Illud* de Bento XV (1919), foi percebida como um dos problemas principais para a evangelização; mas também convida os organismos missionários a não padronizar as formas de anúncio e a não promover homogeneizações culturais com características neocoloniais, e sim refletir a rica variedade do povo de Deus com muitos rostos (FRANCISCO, 2020).

A missão não pode se tornar cúmplice do roubo da alma dos povos (FT 14). E, mais ainda, deve instaurar um diálogo com "interlocutores" e não com "destinatários" do Evangelho. Em *Querida Amazônia*, Francisco afirma que

> A Amazônia deveria ser também um local de diálogo social, especialmente entre os diferentes povos nativos, para encontrar formas de comunhão e luta conjunta. Os demais, somos chamados a participar como "convidados", procurando com o máximo respeito encontrar vias de encontro que enriqueçam a Amazônia. Mas, se queremos dialogar, devemos começar pelos últimos. Estes não são apenas um interlocutor que é preciso convencer, nem mais um que está sentado a uma mesa de iguais. Mas são os principais interlocutores, dos quais primeiro devemos aprender, a quem temos de escutar por um dever de justiça e a quem devemos pedir autorização para poder apresentar as nossas propostas. A sua palavra, as suas esperanças, os seus receios deveriam ser a voz mais forte em qualquer mesa de diálogo sobre a Amazônia. E a grande questão é: Como imaginam eles o «bem viver» para si e seus descendentes? O diálogo não se deve limitar a privilegiar a opção preferencial pela defesa dos pobres, marginalizados e excluídos, mas há de também respeitá-los como protagonistas. Trata-se de reconhecer o outro e apreciá-lo «como outro», com a sua sensibilidade, as suas opções mais íntimas, o seu modo de viver e trabalhar. Caso contrário, o resultado será, como sempre, "um projeto de poucos para poucos", quando não "um consenso de escritório ou uma paz efémera para uma minoria feliz". Se tal acontecer, "é necessária uma voz profética" e, como cristãos, somos chamados a fazê-la ouvir (QAm 26-27).

Aqui estão as grandes linhas para uma evangélica cooperação missionária intereclesial: sermos hóspedes na casa dos outros; aprender com nossos interlocutores, escutar, pedir permissão; reconhecê-los como protagonistas.

4. A dimensão sinodal da cooperação missionária

A Encíclica *Redemptoris Missio* de João Paulo II insiste sobre a cooperação missionária como participação intereclesial de todo Povo de Deus à missão universal da Igreja, direito e dever de todos os batizados, e também que promova uma dinâmica de reciprocidade, para que não haja de mão única um benfeitor e um beneficiado:

> Cooperar para a missão não significa apenas dar, mas também saber receber. Todas as Igrejas particulares, jovens e antigas, são chamadas a dar e a receber da missão universal, e nenhuma se deve fechar em si própria (RMi 85).

Essa reciprocidade e esse intercâmbio são elementos típicos da missão entendida como cooperação. Afinal, é a dimensão da missão assim chamada *inter-gentes*. Mas muito mais: a missão se realiza não em uma aventura solitária, e sim em um trabalho "em mutirão", em uma obra em conjunto, eminentemente eclesial e sinodal.

> Em virtude do Batismo recebido, cada membro do povo de Deus tornou-se discípulo missionário. Cada um dos batizados, independentemente da própria função na Igreja e do grau de instrução da sua fé, é um sujeito ativo de evangelização, e seria inapropriado pensar em um esquema de evangelização realizado por agentes qualificados enquanto o resto do povo fiel seria apenas receptor das suas ações (EG 120).

O tema da sinodalidade é intimamente conjunto ao da missionariedade. Não há missão sem sinodalidade e vice-versa, não há sinodalidade sem missão. Pois a sinodalidade não deve ser entendida, a rigor, como um processo intra-eclesial, que responde a reivindicações de *aggiornamento*, de desburocratização, de reconhecimento e de cobrança de espaço por parte dos fiéis leigos. Não é uma sorta de maquiagem democrática da Igreja para que se pareça mais a passo com os tempos.

Mas não. Francisco, na Constituição Apostólica *Episcopalis Communio* (EC), documento normalmente utilizado para intervir no plano legislativo, tem a peito duas características dessa sinodalidade: que se torne "um canal proporcionado mais à evangelização do mundo atual que à autopreservação" (EC 1), e que se torne também "um instrumento privilegiado de escuta do Povo de Deus".

Também, no que diz respeito propriamente à missão, a sinodalidade contribui a partir do sentido etimológico de "caminhar juntos". A imagem do caminho é a própria imagem da missão de uma Igreja peregrina "em saída" que se "desloca" continuamente rumo às periferias. Os discípulos de Jesus se identificaram como os do "Caminho". O "caminho" é ao mesmo tempo o conteúdo e o itinerário da missão. Jesus estava sempre a caminho percorrendo "todas as cidades e povoados, ensinando em suas sinagogas, pregando a Boa Notícia do Reino, e curando todo tipo de doença e enfermidade" (Mt 9,35), e os discípulos atrás. No caminho da missão se dá também a formação dos discípulos: "A intimidade da Igreja com Jesus é uma intimidade itinerante, e a comunhão reveste essencialmente a forma de comunhão missionária" (EG 23).

É crucial para todos nós entendermos a missão como base da proposta cristã, em que o essencial não é uma vida compartilhada entre nós, mas uma missão assumida em comum. Podemos afirmar que esse é o divisor das águas entre uma simples adesão religiosa-confessional e uma verdadeira "comunidade" de irmãos e de irmãs, discípulos-missionários do Senhor.

Ao mesmo tempo, se a comunidade acontece na missão, também a missão acontece em comunidade, certamente porque o mundo contemporâneo exige um testemunho de comunhão, de fraternidade e de diálogo e porque precisamos garantir uma maior eficácia a nossas ações com uma maior coordenação e sinergia. Mas não é só por causa disso: a missão é chamada nos tempos atuais não tanto a se situar no âmbito da atividade, sim primariamente no âmbito das relações, pois a tarefa fundamental que temos a cumprir é abrir novos caminhos de escuta e proximidade, costurando laços de confiança e de amizade, em uma aliança com os diversos projetos de vida dos povos, para que todos tenham vida, e vida em abundância.

5. A dimensão pluriversal da cooperação missionária

Evidentemente, com o termo "pluriversal" estamos falando da dimensão "universal" da cooperação missionária intereclesial, assumida, vivida e atuada, porém, em diversas maneiras nas diferentes culturas, comunidades e contextos.

Aparecida por sua vez nos lembra que:

> o mundo espera de nossa Igreja latino-americana e caribenha um compromisso mais significativo com a missão universal em todos os Continentes. Para não cairmos na armadilha de nos fecharmos em nós mesmos, devemos formar-nos como discípulos missionários sem fronteiras (DAp 376).

Também Francisco rebate:

> Perante a tentação das comunidades de se fecharem em si mesmas – é uma tentação muito frequente, muito frequente de se fecharem em si mesmas – preocupadas com os seus próprios problemas, a vossa tarefa é exortar a missão ad gentes, testemunhar profeticamente que a vida da Igreja e das Igrejas é missão, e é missão universal (FRANCISCO, 2013).

Todavia, há sempre uma tensão entre o local e o global. O todo é superior à parte, diz Francisco. Por outro lado, é preciso caminhar com os pés no chão, que nos impede de viver em um universalismo abstrato. Portanto, se o todo é mais do que a parte, também é mais do que a simples soma delas. Não devemos viver, diz Francisco, demasiado obcecados por questões particulares: é preciso alargar sempre o olhar para reconhecer um bem maior pelo qual devemos lutar. Contudo, é preciso se abrir ao universal sem se evadir nem se desenraizar. Trabalha-se no pequeno, no que está próximo, mas com uma perspectiva mais ampla.

Mas há um outro aspecto que devemos ter presente nessa abertura e nessa participação de cada parte ao todo: cada parte, cada igreja, cada cultura, abre-se a universal a seu modo, com seus recursos, com seus próprios caminhos. A imagem, afirma Francisco, é do poliedro e não da esfera. Padronizar a cooperação intereclesial em critérios universais válidos para todos significa impor uma única forma de cultura imperante. A participação à comunhão missionária há de ser pluriversal, há de surgir da gratuidade evangélica – “segundo os meios que vocês têm” (2Cor 8,11) – e há de ser humilde, sem ostentação, sem triunfalismos – “que a tua esquerda não saiba o que faz a tua direita” (Mt 6,3).

A América Latina e o Caribe hão de encontrar seus caminhos sem se preocupar demasiadamente de compará-los aos de outras Igrejas, em particular as norte-americanas e as europeias. Entretanto, é preciso encontrar estes caminhos, precisamos trabalhar muito para que nossas comunidades cultivem profundamente aquele espírito católico que está convencido de que "a graça da renovação não pode crescer nas comunidades, a não ser que cada uma dilate o campo de sua caridade até os confins da terra e tenha igual solicitude pelos que são de longe como pelos que são seus próprios membros" (AG 37).

Hoje, adquirir esse espírito é uma prioridade pastoral de conversão para uma Igreja em saída. Segundo Galileia, é preciso enfrentar "o desafio missionário de 'dar de nossa pobreza' ou de ficar indefinitivamente empobrecidos" (1983, p. 22). A abertura *ad gentes* e a cooperação missionária não é consequência de uma maturidade eclesial, mas é condição para uma maturidade eclesial: "enquanto não for alcançada [uma saída de si], não se terá chegado à maturidade na evangelização" (GALILEA, 1983, p. 9).

6. A dimensão ministerial da cooperação missionária

Certamente, pensar em uma cooperação intereclesial em âmbito mundial, olhando para as necessidades das igrejas espalhadas nos seis continentes, é pensar na necessidade de organismos de coordenação e articulação como as Pontifícias Obras Missionárias e os Conselhos Missionários.

De propósito, nós falamos aqui de "dimensão ministerial" e não de "dimensão institucional" da cooperação missionária, para frisarmos a tônica de serviço (*minus-stare*), tão cara a Francisco e ilustrada com a metáfora da pirâmide invertida.

No entanto organismos eclesiais encarregados de "dirigir e coordenar em toda parte as iniciativas e atividades de cooperação missionária" (CM 3) correm o risco de certo centralismo autorreferencial, sustentado pela "ânsia de comando" e pela "presunção de exercer o papel de depositários" (FRANCISCO, 2020): um "nós" que pretende dizer o que é missão, para onde vai a missão e o que tem de ser feito em relação à missão.

Não há como não fazer uma referência à mensagem de Francisco à Assembleia Geral das Pontifícias Obras Missionárias em maio de 2020. Nessa ocasião, várias afirmações contundentes do Papa parecem chamar a atenção de todos nós:

> Na Igreja, há muitas situações em que o primado da graça permanece apenas como um postulado teórico, uma fórmula abstrata. Acontece que muitas iniciativas e organismos ligados à Igreja, em vez de deixar transparecer a atividade do Espírito Santo, acabam por dar testemunho apenas da sua autorreferencialidade. Muitos sistemas eclesiásticos, em todos os níveis, parecem absorvidos pela obsessão de se promover a si mesmos e às suas iniciativas; como se isto fosse o objetivo e o horizonte da sua missão. Comportamo-nos como: "Uma classe superior de especialistas que procura ampliar os seus espaços em cumplicidade ou em concorrência com outras elites eclesiásticas, e prepara os seus membros segundo os sistemas e as lógicas mundanas da militância ou da competência técnico-profissional, sempre com a intenção principal de promover as suas prerrogativas oligárquicas". Nalgumas realidades ligadas à Igreja – continua Francisco – a tentação elitista é às vezes acompanhada por um sentimento de superioridade e impaciência face à multidão dos batizados (...) O próprio povo de Deus é visto como uma massa inerte, que precisa incessantemente de ser animada e mobilizada através duma "tomada de consciência" [como] se a fé fosse consequência de um discurso persuasivo ou de métodos de preparação.

Diante dessas palavras, necessitamos concordar com o Papa que a cooperação missionária, por parte dos organismos antepostos a coordenar esse serviço, pode cair sim nessa armadilha funcionalista: o anseio obsessivo para que o povo de Deus na América assuma essa consciência universal, produza frutos concretos de compromisso missionário *ad gentes* dentro de determinados esquemas e a animação missionária seja realmente eficaz em sua atuação, particularmente na coleta de recursos econômicos e na promoção de vocações missionárias, transforma, às vezes, os organismos missionários em ONGs em função apenas de si mesmos.

Parece que a cooperação missionária tem de passar também pela conversão pastoral: "salvaguardar e redescobrir a inserção dos organismos missionários no seio do povo de Deus, sua imanência na trama da vida real em que nasceram. Será útil uma 'imersão' mais intensa na vida real das pessoas, tal como é" (FRANCISCO, 2020). É nesse sentido que a cooperação missionária poderá encontrar caminhos de partilha, de proximidade e de encontro com as diversas realidades mundiais, exatamente colocando-se humildemente a serviço em uma atuação missionária gratuita, paciente, facilitadora e, sobretudo, orgânica.

7. A dimensão operacional da cooperação missionária

Essa conversão pastoral convida a não olhar só para um setor da missão, mas a "viver" a missão enquanto tal, em sua integralidade e em sua genuinidade profética. Desta maneira, não deve distrair e sim incentivar a cooperação missionária a perseguir seus objetivos primários de dedicar-se com toda a energia para que o povo de Deus colabore efetivamente com a obra missionária universal.

Com efeito, papa Francisco convida as POM a redescobrir suas raízes populares, sobretudo em promover a oração e a caridade como se fossem dois trilhos sobre os quais fazer avançar a caravana da cooperação: o aporte do Espírito e o aporte humano. A oração para Francisco é a primeira das obras missionárias e também a mais eficaz, embora não se possa medir. A oração faz jus à primazia da ação de Deus no mundo.

Por outro lado, a caridade, a partilha dos bens, o ministério da gratuidade expressam eminentemente a fraternidade e a solidariedade evangélica, concreta, histórica da comunidade eclesial, com a missão *ad gentes* e *ad extra* e, principalmente, com as necessidades de outras igrejas.

A Igreja, missionária por natureza, tem como prerrogativa fundamental o serviço da caridade a todos. A fraternidade e a solidariedade universal são naturais à sua vida e à sua missão no mundo e para o mundo. A evangelização, que deve chegar a todos, é

> chamada, porém, a partir dos últimos, dos pobres, daqueles que se dobram sob o peso e o cansaço da vida (FRANCISCO, 2020).

Não somente de nossos pobres, mas dos pobres dos outros, de todos os pobres: não serve como justificativa que já temos pobres, para não partilhar de nossa pobreza, como diria Puebla.

A missão, em suas fronteiras mais desafiadoras, quando a comunidade local está exposta a muitas dificuldades, precisando socorrer inúmeras situações, dispondo de recursos mínimos para sua própria subsistência, constitui sempre um ônus a ser assumido junto à comunidade maior. A Igreja, portanto, que opta por estar junto com os pobres e os excluídos nas periferias globais e existenciais, precisa contar com as condições mínimas necessárias para viabilizar sua presença e seus serviços, garantidos pela cooperação missionária das outras comunidades.

Contudo, o aporte mais significativo nessa singela dinâmica eclesial é o envio e o engajamento de missionários e missionárias de uma Igreja para outra. Não tem nada de mais expressivo e testemunhal do que o dom da vida. Esse pode ser vivido de três maneiras básicas: na modalidade itinerante, na modalidade temporária e na modalidade residente.

Na tradição católica, essa última é quase totalmente reservada à vida religiosa consagrada, que sempre brilhou na história da Igreja pela entrega a uma missão *ad vitam* nas situações mais difíceis, que demandavam um grau de inserção e de aculturação extremamente exigente. Na tradição protestante, porém, foram as associações de leigos e leigas a abraçar essa causa.

Seja como for, não está precluso ao laicato também participar da missão *ad gentes* e além-fronteiras, e mesmo por breves períodos ter a ocasião de partilhar a fé e o amor de Deus com outras pessoas de outros povos e participar da caminhada de outras Igrejas.

> Cada um dos batizados, independentemente da própria função na Igreja e do grau de instrução da sua fé, é um sujeito ativo de evangelização, e seria inapropriado pensar em um esquema de evangelização realizado por agentes qualificados enquanto o resto do povo fiel seria apenas receptor das suas ações (EG 120).

Portanto, também será preciso valorizar as diversas experiências missionárias vividas em diferentes maneiras, segundo a vocação e as possibilidades concretas de cada batizado e batizada e de cada comunidade eclesial: não podemos e não devemos sujeitar a generosidade e o impulso missionário *ad gentes* do povo de Deus às exigências institucionais, subordinando-os a determinados estados de vida.

Conclusão

Por tudo o que argumentamos até esse momento, parece-nos que a noção de cooperação missionária à luz do magistério do papa Francisco seja a mais apropriada para configurar o compromisso da *missio ad gentes* e *ad extra* hoje.

Na realidade, entender esse compromisso singelamente apostólico como "cooperação intereclesial" é recriar uma nova maneira de atuar missionariamente, adotando um novo modelo de Igreja missionária, sinodal, em saída, em que as igrejas e os povos aos quais nos dirigimos sejam verdadeiramente protagonistas.

A pergunta então a qual deveríamos responder é: qual Igreja para qual missão? Alguns justamente levantaram a questão que devemos antes formar "cristãos", discípulos-missionários entre nossos batizados e nossas batizadas. Mas não há um antes e um depois entre o discipulado e a missão: o discipulado acontece em assumir a missão, não há outro caminho.

Contudo, também aqui, a pergunta mais relevante seria: que tipo de discípulos missionários queremos formar, para qual Igreja e para qual missão?

Siglas

AG	Ad Gentes
CM	Cooperatio Missionalis
DAp	Documento de Aparecida

EC	Episcopalis Communio
EG	Evangelii Gaudium
FT	Fratelli Tutti
LG	Lumen Gentium
QAm	Querida Amazonia
RMI	Redemptoris Missio

Referências Bibliográficas

CONGREGAÇÃO PARA A EVANGELIZAÇÃO DOS POVOS. *Cooperatio Missionalis.* Roma, 1 de outubro de 1998. Disponível em: <https://www.pom.org.br/wp-content/uploads/2021/07/COOPERATIO-MISSIONALIS.pdf>. Acesso: 08 mar. 2023.

FRANCISCO. *Discurso do Santo Padre aos participantes da Assembleia Geral das Pontifícias Obras Missionárias*. Roma, 17 de maio de 2013. Disponível em: <https://www.vatican.va/content/francesco/pt/speeches/2013/may/documents/papa-francesco_20130517_pont-opere-missionarie.html>. Acesso: 08 mar. 2023.

FRANCISCO. *Mensagem do Papa às Pontifícias Obras Missionárias.* Roma, 21 de maio de 2020. Disponível em: <https://www.vatican.va/content/francesco/pt/messages/pont-messages/2020/documents/papa-francesco_20200521_messaggio-pom.html>. Acesso: Acesso: 08 mar. 2023.

FRANCISCO. *Vídeo-mensagem do Papa por ocasião da abertura oficial da Assembleia das Pontifícias Obras Missionárias*. Roma, 2018. Disponível em: <https://www.vatican.va/content/francesco/pt/messages/pont-messages/2018/documents/papa-francesco_20180528_videomessaggio-pont-opere-missionarie.html>. Acesso: 08 mar. 2023.

GALILEA, Segundo. *Responsabilidade missionária da América Latina*. Tradução José Américo Coutinho. São Paulo: Paulinas, 1983. 84 p.

MANNA, Paolo. Osservazioni sul moderno metodo di evangelizazione. In: BUTTURINI, Giuseppe. *Le Missione Catoliche in Cina Tra le due guerre mondiali*. Osservazione sul metodo moderno di evangelizzazione di p. Paolo Manna. Bologna: Sermis, 1998. p. 83-286.

PAULO VI. *Audiência geral.* Roma, 6 de agosto de 1969. Disponível em: <https://www.vatican.va/content/paul-vi/it/audiences/1969/documents/hf_p-vi_aud_19690806.html>. Acesso: 08 mar. 2023.

PARTE 3
CONTEXTOS E SUJEITOS DA MISSÃO

9

A FRONTEIRA DA PÓS-MODERNIDADE: DESAFIOS NA PASTORAL DA JUVENTUDE NA AMÉRICA LATINA

Osvaldo Pulido Reynoso

Introdução

Escolhi esse tema porque, em minha experiência de trabalho na Animação Missionária e Vocacional há vários anos, senti a necessidade de me atualizar em cada etapa vivida no trabalho com jovens, que não raras vezes me desafiaram com suas perguntas, suas preocupações, com a experiência de sua pouca ou muita fé. Por vezes, tenho tido dificuldades com a forma deles raciocinarem e de apresentarem os seus argumentos influenciados pela educação familiar, pela influência da sociedade, da própria cultura etc. Apresentarei o pensamento pós-moderno e, em seguida, falarei sobre a juventude pós-moderna e os desafios que encontramos em nossos dias para exercer o ministério juvenil e missionário.

Por meio deste texto desejo apresentar alguns elementos da realidade dos jovens no contexto atual, a partir do mundo vital deles, da forma que possuem de pensar, agir, viver seus desafios e suas escolhas de vida, e assim poder ter uma melhor aproximação com os jovens de hoje para ajudá-los a crescer na fé e acompanhá-los do discernimento. Neste capítulo, explicarei o que significa pós-modernidade. Iluminarei o assunto a partir de um quadro crítico doutrinário e sociológico do mundo da juventude.

Pós-modernidade

Algumas definições ou aproximações da pós-modernidade podem ser ditas da seguinte forma: *"O pós-modernismo é uma rutura do campo estético do modernismo"* (Rosalin Krauss e Douglas Crimp). O projeto de modernidade é complexo. *"A prática pós-modernista não se define em relação a um determinado meio, mas em relação às operações em uma série de termos culturais"* (Kraus). A forma como concebemos o pós-modernismo é importante para determinar a forma como representamos o presente ou o passado.

O termo pós-modernidade não tem uma definição fácil. Hoje em dia, esse termo indica uma corrente de pensamento, uma tendência artística, um estilo de vida, certa moda e, até mesmo, um momento histórico. De qualquer forma, a pós-modernidade é uma nova forma de pensar e viver que se expressa em termos e palavras, como: *tendência, estilo de vida, mentalidade*. O pós-modernismo assinala uma despedida da modernidade. A pós-modernidade pode suscitar debates no campo: filosófico, cultural e educativo.

A pós-modernidade surgiu no fim do século passado. *"A pós-modernidade é a rejeição de sistemas fechados totalizantes"* (José Maria Lozano), *"a pós-modernidade diz adeus ao ideal moderno de fundação e grandes princípios fixos, para se abrir a uma nova episteme"* (José Maria Mardones). Algumas palavras que poderiam definir a pós-modernidade são: desconstrução, esgotamento, personalização, hedonismo, pluralismo, narcisismo, individualismo, relativismo.

A pós-modernidade destaca a autonomia, descentralizam-se os princípios reguladores da sociedade, diluem-se os modos de vida e as opções, assim surge um vácuo. Algumas luzes e sombras da pós-modernidade podemos enumerar as seguintes: os mecanismos de controle não desapareceram, foram adaptados renunciando à imposição, por exemplo: fumar não é proibido, mas as pessoas são conscientizadas sobre a nicotina e o mal à saúde. Isso implica a responsabilidade pessoal do indivíduo, ou ele se domina ou ele sai do controle, outro exemplo o temos no desaparecimento das obrigações religiosas; a pós-modernidade deixou de lado os costumes na família e nas relações interpessoais.

Na pós-modernidade todos os obstáculos institucionais desaparecem dando origem aos desejos pessoais, já não há mais modelos prescritos, mas condutas eleitas e assumidas pelos indivíduos, não há normas, mas discussão, isso dá origem ao relativismo pós-moderno ou ao chamado culturalismo. A verdade sobre o homem e o mundo é impenetrável, agora temos de dialogar, ir ao consenso social para a diversidade de opiniões e culturas. O relativismo leva a conhecer muitas coisas, mas a não se comprometer com nenhuma delas. Tentam anular o valor da verdade, vale tudo, não há nada absoluto. Assim, poderíamos dizer que, enquanto a *modernidade* apoia o absoluto, a unidade, o objetivo, o esforço, o forte, a sacralização, a razão, a ética, a formalidade, a certeza, a segurança; *O pós-modernismo*, por outro lado, sustenta o relativo, o diverso, o subjetivo, o prazer, a luz, o presente, a secularização, o sentimento, a estética, o humor, o agnosticismo e a passividade, ou seja, permanecer indiferente.

Como a pós-modernidade tem impactado os jovens? Começamos com a pergunta: quem é o jovem? *"O jovem é uma pessoa que tem entre 15 e 29 anos. Certamente, os dados variam de acordo com o país de onde vem e de acordo com suas próprias características"* (UNESCO).

A juventude também é determinada pelo aspeto biológico, psicológico e cultural. Os jovens tendem a agrupar-se, procuram o coletivo, o gregário. Assim, o mundo dos jovens desenvolve-se em espaços onde eles escapam do mundo adulto e normativo. O mundo dos jovens tem uma carga visual, virtual, emocional, social, cultural, enfim, tudo simbólico. Os jovens participam nas diferentes correntes ideológicas, são capazes de assumir qualquer ideologia como estilo de vida, o mesmo acontece no campo artístico e literal, são protagonistas das diferentes mudanças de época.

É importante destacar o mundo simbólico dos jovens. O símbolo encontra seu significado em uma experiência em que o humano encontra as mediações e tem a ver com a emoção, o imaginário e o intuitivo. O jovem de hoje deixou os lugares tradicionais simbólicos para a sociedade e encontraram outros espaços, como: shoppings, locais de lazer, esportes, shows. Tudo o que expresse emoções coletivas é o que atrai o jovem.

Outra chave para entender os jovens é por meio das tecnologias e redes sociais, esses jovens são chamados: *"Nativos digitais"*, com as tecnologias existentes e redes sociais eles se aproximam de amigos virtuais a distância, mas distantes do real; por exemplo lhes custa se comunicarem de pessoa a pessoa, para manter conversas profundas na frente do outro encontram-se inseguros, sem saber o que dizer ou o que falar, isso leva os jovens à solidão e ao vazio existencial.

Encontramos algumas categorias juvenis. Os esquemas de manifestação dos jovens são diferenciados e desiguais. Em *primeiro plano*: há os jovens alternativos, dissidentes e excluídos, para estes jovens não há esperança, não há espaços para dar sentido a sua existência, são bucha de canhão para os vícios e a delinquência. *No fundo,* vemos jovens desesperados em instituições de ensino religioso e rebeldes. *Em terceiro lugar,* temos jovens incorporados, alguns estudam, outros trabalham, envolvem-se na religião, são apolíticos, entregues ao vício e ao álcool. Finalmente, no *quarto nível*, encontramos jovens globalizados, são jovens que vão estudar no exterior e se destacam na arte, moda e cultura.

Marco crítico da pós-modernidade

Notamos que a sociedade atual é uma sociedade de comunicação generalizada (mass-mídia). *"Os meios de comunicação social não garantem uma sociedade transparente e autoconsciente, mas uma sociedade complexa e caótica"* (Gianni Vattimo).

O pós-modernismo levou a uma crise de valores religiosos. Deus no passado predominava na cultura ocidental, agora, na melhor das hipóteses, Deus está ausente ou Deus não é notado e não é necessário. Podemos dizer que, em nossos dias, abunda mais do que ateísmo e indiferença agnóstica. Na geração de hoje vemos um jovem sem dúvidas, as realidades últimas não têm importância para os jovens. A pós-modernidade empurrou bastante a secularização; o homem secular é um homem autoconfiante capaz de resolver tudo, da ciência e da tecnologia, independentemente do absoluto ou divino. Nesta perspectiva, o resultado é que a liberdade de consciência é sacralizada, levando a um subjetivismo, por vezes, exagerado.

A vida moral é vista como rígida, louvando o puritanismo e a pureza, com a norma: *"Assim deve ser"*. Por outro lado, *"estão a surgir novas formas de espiritualidade, 'a vingança dos oprimidos' está a acontecer sobre aquele jovem que teve de obedecer sem mais delongas"* (José Maria Mardones). Surge uma busca pelo religioso, como: a crença no horóscopo, experiências místicas, as práticas para alcançar o êxtase, o encontro com a natureza, consigo etc.

Outra característica que vive o jovem atual é o consumo de massa produzindo um hedonismo narcisista e egoísta, o sujeito perdeu a autoconfiança, não tem capacidade de crítica, tornou-se sem solidariedade e individualista. Qualquer escolha ou projeto que os jovens façam é acompanhado por seu cancelamento imediato, não gostam de compromissos a longo prazo, aborrecem-se ou acham muito comprometedores, querem também experimentar novas experiências; eles procuram desfrutar de prazer e diversão. Desta forma, a sociedade de consumo faz um jovem sem referências próprias, sem vontade e traduz-se em um *"eu fraco"*.

O hedonismo vai formando um jovem que só gosta de viver no presente perpétuo, trata-se de um presenteísmo, isto é, viver no aqui e agora e isso é incompatível com as exigências da conversão, custa-lhes viver com responsabilidade, para ser fiel a um projeto que dê sentido a sua existência.

Por outro lado, no campo da fé, alguns jovens têm dificuldade em aceitar certas verdades religiosas, desconfiam da Igreja (Instituição), mas também não há hostilidade em relação a ela. Os jovens procuram viver uma religião light, a tal ponto que suas crenças não implicam estar apegados a normas ou instituições.

Nesse ponto, podemos afirmar que a pós-modernidade se configurou com as seguintes características: uma mentalidade pragmática operacional, uma visão fragmentada da realidade, renúncia ao compromisso, desvinculação do institucional em vários níveis: político, religioso, familiar e ideológico. No entanto, a resposta religiosa mais frequente ao longo da história, para tentar dar uma resposta às realidades de nossa existência, tem sido o erro, a injustiça, o sofrimento e a própria morte.

Educar os jovens, segundo a pós-modernidade, é educar para o bem e para a felicidade, educar no relativismo e no presente, mas essa educação leva o jovem a ter um pensamento fraco. Educar no presente é educar nos valores do quotidiano, nas pequenas histórias e contos, na desconfiança, no humor, na superficialidade, é permanecer na passividade. Para muitos jovens, o passado deixa de ser memória e tem pouco significado. O futuro, como parece tão distante do horizonte da vida, não preocupa muito, *"tudo pode ser ou deixar de ser, depende",* dispensar o antes e o depois é privar o ser humano de uma dimensão fundamental. A vida sem fundamento leva a uma passividade, isto é, a uma vida superficial, a uma falta de personalidade. A sociedade de consumo e de bem-estar conduz os jovens à violência, à dependência e ao enfraquecimento da vontade.

O Documento de Aparecida (DAp), V Conferência Geral do Episcopado da América Latina e do Caribe, apresenta algumas características culturais que ajudam a compreender a mudança de época com as características do pós-modernismo. A concepção integral do ser humano, isto é, sua relação com o mundo e com Deus está a desvanecer-se. Hoje o indivíduo é valorizado e isso enfraquece os laços comunitários e dá importância à imaginação. O bem comum é posto de lado para dar lugar à realização dos indivíduos ou à opinião subjetiva.

A ciência e a tecnologia geram uma nova visão da realidade, criam uma nova linguagem e uma nova cultura. Aos poucos, gera-se a indiferença para com o outro, que não precisa nem se sente responsável; vive-se apenas o cotidiano, sem compromissos a longo prazo. As mudanças culturais modificaram os papéis tradicionais das pessoas. O mercado e a publicidade levam crianças, adolescentes e jovens a mundos maravilhosos, todo desejo é satisfeito, então a felicidade é alcançada com desejos realizados e com um bom nível econômico. Os jovens vão adquirindo o vício em sensações e crescem sem referências a valores e instâncias religiosas; novos sujeitos emergem com uma nova forma de pensar, sentir, relacionar.

Resgatando algo de positivo da mudança cultural, encontramos o valor fundamental da pessoa, de sua consciência e experiência, a inquietação ou a busca do sentido da vida e da transcendência. Há uma diversidade de culturas em nosso continente latino-americano em que a pós-modernidade esteve presente: culturas indígenas, afro-americanas, mestiças, camponesas, urbanas e suburbanas. Estas culturas coexistem em condições desiguais com a cultura da globalização.

Desafios para uma pastoral juvenil e vocacional

A partir do subjetivismo e da autonomia dos jovens nesta era pós-moderna, devemos insistir mais em suas experiências de vida do que em conteúdos doutrinários. É preciso olhar para as experiências de fé com conteúdo que tenha a ver com sua vida e com o social. Promover projetos que impulsionam tudo o que é humano, dar a conhecer os testemunhos de serviço e martírio, desta forma estão a ser apresentados a pessoas concretas da vida quotidiana. Para fazer isso, há alguns pontos para considerar:

Estamos assistindo ao pensamento fraco e light que prevalece em nossos dias, aqui temos de potenciar a imaginação criativa, as expressões vitais, ter tolerância, paciência perante suas atitudes ou expressões, por vezes, superficiais. Alguns jovens estão à procura de uma religião *"coquetel"*.

Encontramos também uma microlinguagem ou micro-história. Os jovens rejeitam línguas com características absolutas, contentam-se com uma linguagem superficial que tem a ver com o existencial e o histórico. Eles gostam de música, vestido, tatuagens. Os jovens procuram o sentido e o sentido da história.

Por isso nossa pastoral deve ser animada pela pedagogia do encorajamento, que tem em conta a dimensão sedutora, na estética, social, religiosa ou mística, pelo que é necessário apresentar uma dimensão sedutora de Jesus e de seu Evangelho que os atinja e lhes diga alguma coisa.

O que fazer com os processos pastorais dos jovens? O que conta é a rapidez dos processos, os jovens não toleram processos com objetivos a longo prazo. Será necessário marcar microprocessos, coisas muito específicas e realizá-los nos tempos fortes ou significativos: Natal, acampamentos, processos de paz, Crisma, entre outros. Os jovens estão mais no mundo virtual do que no mundo real, daí o desafio: *como atrair os jovens, como motivá-los?*

Diante dos desafios da pastoral juvenil e vocacional, devemos considerar que vivemos em um mundo onde prevalece o material, o dinheiro, mas também existem os pobres e marginalizados. Nosso mundo está cada vez mais sexuado, a sensualidade se impõe em suas diferentes manifestações e surge um vazio existencial entre os jovens que não sabem apropriar-se do tempo. Nas famílias, cessou o cultivo da fé, razão pela qual procuram que as escolas religiosas e as paróquias ajudem seus filhos a formarem-se em valores e na fé. No entanto os jovens que encontramos nas paróquias e escolas nem sempre têm uma fé sólida, alguns sentem que a fé lhes é imposta ou estão cansados da religião e dificilmente se identificam com a Igreja, apenas procuram um espaço para manter amizades, estar com o grupo e como local de encontro. Precisamos motivar os jovens para que façam uma opção por Jesus Cristo.

Diante dos desafios apresentados pela realidade de nosso mundo, a Igreja, a pastoral juvenil e vocacional, colocam algumas questões que são desafios importantes em nossos dias: *Como propor uma fé madura e adulta aos jovens de hoje? Como podemos ajudar os jovens a escolher na cultura em que vivemos? Qual será o perfil das vocações neste mundo globalizado e a falta de experiência de Deus? Deus continua a chamar os jovens!*

É certo que o desafio é que os jovens respondam generosamente, mas *como podemos fazê-lo?* A resposta deve ser dada por cada departamento de pastoral juvenil e vocacional de acordo com seu contexto, no entanto, não deve ser descartada: oração, fazer uma pastoral de propostas e processos, visando uma vocação de qualidade e não de números, além de dedicar tempo para fazer um acompanhamento espiritual e vocacional que ajude a discernir – exige uma preparação profissional do promotor neste campo –, enfim, trata-se de três palavras-chave: despertar, discernir e acompanhar.

O Documento de Aparecida (DAp) nos apresenta as mudanças religiosas, éticas e culturais que colocam a Igreja latino-americana em uma nova época, acentuada, aliás, pelo fenômeno da globalização. Tudo isso implica um desafio para uma nova evangelização, antes de mais nada na juventude e na cultura vocacional: *"É necessária uma hermenêutica dos símbolos"* (Secundino Movilla). Os jovens preferem encontros ou concentrações massivos, alegres, festivas, emocionais e de curta duração.

Que relação têm os jovens com a Igreja? Em primeiro lugar, percebe-se a ausência de instituições eclesiais atraentes para os jovens, o afastamento da paróquia, a falta de informação religiosa, a implicação da Igreja com os pobres, a falta de ligação dos jovens com a hierarquia e, além disso, alguns jovens têm certa alergia às práticas religiosas. O desafio para a Igreja, portanto, é fazer com que os jovens se tornem discípulos de Jesus, para isso exige-se uma espiritualidade a partir do misticismo e da prática, onde a experiência de Deus e de sua palavra se torna uma inspiração, um desejo a ser alcançado, uma necessidade, uma práxis.

Os acentos da espiritualidade latino-americana são: apresentar e motivar a seguir o Jesus histórico, dar a conhecer Maria como modelo de vida, a experiência dos pobres como fato histórico bíblico. É muito necessário acompanhar eficazmente os jovens, especialmente os que estão na militância. Tem sido surpreendente na América Latina que os mesmos jovens motivem outros jovens a fazer missão ou experiência de voluntariado e estejam muito interessados nessas experiências com os pobres, os marginalizados. É bom chamar os jovens e as pessoas consagradas a trabalharem juntos na missão como discípulos e missionários.

Para concluir, gostaria de referir – ainda que brevemente – o acompanhamento profissional que deve ser prestado aos jovens. É importante ESCUTAR os jovens e caminhar pacientemente no ritmo deles. Os jovens de hoje procuram *"entrar"* (entrar) nas várias esferas: política, movimentos, comunicações, grupos da Igreja. Temos de deixar de lado nossos preconceitos para entrar no mundo interior deles, teremos de *"tirar os sapatos"* para pisar em solo sagrado. Trata-se de ouvir os jovens em suas diferentes línguas: ver seus gestos, suas espontaneidades, captar suas atitudes e seus desejos ou suas aspirações e, assim, sentir empatia e ligar-se a eles para fazermos um caminho juntos.

E *a qual pastoral e jovens nos dirigimos?*

Em nossos dias fala-se de uma *pastoral mutante* para os jovens, ou seja, daqueles que correm de um lugar para outro, mudam constantemente, estão em busca de significados, vão em busca do que mais os impacta e marca suas vidas. Encontramos também *o jovem peregrino ou crente errante,* que acredita de forma regulada e não institucionalizada. Depois, há *o jovem convertido,* aquele que pertence a um determinado grupo, tem uma religiosidade em movimento e é um buscador espiritual.

Conclusão

Em muitos lugares e muitas missões, trabalhamos com os jovens, tanto na animação com eles como no trabalho de fazer processos de discernimento em âmbito vocacional, particularmente no contexto juvenil do continente latino-americano.

As mudanças da época e a nova metodologia que hoje exigimos para aprender a compreender e saber estar com os jovens, este artigo desafia-nos a preparar-nos com novas ferramentas e novos métodos para nos conectarmos com eles e exercermos uma melhor animação missionária e vocacional com o mundo dos jovens. É por isso que o conteúdo deste tópico quer ser uma ferramenta para conhecer um pouco mais sobre o jovem pós-moderno que vemos hoje.

Bibliografia

V CONFERENCIA GENERAL DEL EPISCOPADO LATINOAMERICANO Y DEL CARIBE. *Documento de Aparecida*. Brasil, 13 al 31 mayo 2007

ARIEL FRESIA, Iván. *Jóvenes errantes y declive de la pastoral. Ha cia nuevas perspectivas de la pastoral con los jóvenes*. Buenos Aires: Ediciones Stella, 2016.

ARIEL FRESIA, Iván. *No siempre se hizo así. Para construir una pastoral con los jóvenes*. Buenos Aires: Don Bosco, 2018.

DYKINSON, Enrique Gervilla. P*ostmodernidad y educación. Valores y cultura de los jóvenes*. Medellìn: Salter, 1993. FOSTER, Hal et al. La posmodernidad. Barcelona: Kairos, 1985.

LIPOVETSKY, Gilles; CHARLES, Sébastien. *Los tiempos hipermodernos*. Barcelona: Anagrama, 2006. A Fronteira da Pós-modernidade 99

SILVA GUILLAMA, Carlos Eduardo. ¿D*ios sigue llamando? Pastoral de las vocaciones: desafíos en tiempos de crisis*. Salto: Romanos, 2003.

URRIAGO, Oscar. *Los desafíos a la formación desde el contexto de la realidad actual*. Medellín. Bogotà, v. 36, n. 142, abril-junho 2010, p. 151-176.

VATTIMO, Gianni et al. *En torno a la posmodernidad.* Barcelona: Anthropos, 1990.

ZUECO, Vicente. Discípulos y Misioneros – Desafíos de la Pastoral juvenil y vocacional ante la V Conferencia General del Episcopado Latinoamericano. S*eminarios sobre los ministerios en la Iglesia*. Madrid, v. 53, n. 184, Abril – junio 2007.

10

MISSÃO AD GENTES NA PERSPECTIVA DAS "NOVAS FRONTEIRAS" JUNTO AOS POVOS INDÍGENAS

Raymundo Camacho Covarrubias

Introdução

Nos últimos tempos os avanços tecnológicos têm andado a passos gigantescos. Nunca antes a globalização tinha sido tão abrangente e evidente no mundo inteiro como o tem feito através dos meios de comunicação atuais. Com tal feito o mundo tornou-se menor. Ou como diz o Papa Francisco, "*A globalização, através dos atuais meios de comunicação, tornou-nos mais próximos...*"

Os pensadores, no entanto, fazendo eco com as palavras do Papa, afirmam que, mesmo com os grandes avanços tecnológicos e econômicos, a humanidade tornou-se mais egoísta, excludente e individualista, criando divisões tão profundas entre si, que rápido se transformam em "novas fronteiras", em sua grande maioria ideológicas, mas reais.

Neste artigo tentar-se-á expor, de uma forma sucinta, como essas "novas fronteiras" foram introduzidas entre os povos indígenas e as sociedades tradicionais, e os prejuízos e a destruição que essas têm causado até hoje à cultura e tradições dessas populações tanto como no meio ambiente.

Neste artigo tentar-se-á expor como essas "novas fronteiras", nem sempre geograficamente definidas, imaginárias ou ideológicas, mas sempre reais, afetam a humanidade e nosso planeta. E, de como essas se reproduzem em populações microssociais, como os povos indígenas e as populações tradicionais, deixando enormes e irreparáveis marcas de exclusão e destruição nas culturas tradicionais e no meio ambiente.

1. Preâmbulo

Ao se falar da Missão *Ad Gentes* acredita-se que seja claro, ao menos no ambiente religioso, que se trata do dever principal da Igreja. Isto é, da resposta ao mandato feito pelo próprio Jesus Cristo a seus discípulos: *"Ide, portanto, e fazei que todas as nações se tornem discípulos, batizando-as em nome do Pai, do Filho e do Espírito Santo (Mt 28,19).*

Para as Congregações Religiosas missionárias que têm no "*Ad gentes*" (às nações) o fundamento principal de sua ação missionária associado ao *além-fronteiras*, até alguns anos atrás tudo era tranquilo, tendo como base ou referência a divisão geográfica, estabelecida pela própria ciência da Geografia, reconhecida universalmente, seja esta um continente um país um estado ou município; podendo ser também uma nação ou, até mesmo, um território.

No entanto os documentos da Igreja, sobretudo a partir do Vaticano II, como as Ciências Sociais, apontam outras várias divisões que, através do tempo, vão sendo criadas na sociedade; e, através de determinadas circunstâncias nem sempre positivas, terminam se transformando em "novas fronteiras" entre os seres humanos.

No mundo atual, influenciado pela globalização, essas novas fronteiras foram idealizadas a partir dos interesses econômico, político e de poder; a própria divisão do plante em "Blocos" obedece a tal ideologia e interesses. Atualmente, é muito comum falar de fronteiras sociais, culturais, econômicas e de inclusão, mas pouco ou quase nada se fala dos efeitos negativos, como exclusão, destruição, pobreza e "descarte" que tal divisão está causando à humanidade e ao planeta.

Nos últimos tempos, o papa Francisco, fazendo ecoar o pensamento da Igreja, tem se tornado um sinal de denúncia e alerta da catástrofe que aguarda a humanidade, se a atitude egocêntrica dos blocos econômicos e de poder que controlam a economia mundial não mudar. O mundo atual precisa de uma filosofia mais igualitária, inclusiva e solidária.

Quando ele fala de estarmos atentos às "novas periferias", fazendo referência indireta às novas fronteiras que a sociedade atual tem produzido, não é para contemplar ou se maravilhar, mas para alertar-nos sobre o sofrimento e a exclusão que elas vêm causando em enormes contingentes da humanidade.

A base da formação ou aparecimento das novas fronteiras, sobretudo entre as populações mais frágeis e desprotegidas, sem dúvida encontra seu fundamento na globalização com seu sistema de mercado neoliberal.

> Persistem hoje, no mundo, inúmeras formas de injustiça, alimentadas por visões antropológicas redutivas e por um modelo econômico fundado no lucro, que não hesita em explorar, descartar e até matar o homem. Enquanto uma parte da humanidade vive na opulência, outra parte vê a própria dignidade ignorada e seus direitos fundamentais ignorados ou violados (cf. Fratelli Tutti, n 22).

2. Uma breve resenha

Até meados da década de 1990, a influência da globalização no meio das populações indígenas ainda era mínima e de pouca significância; aliás, até os próprios missionários, que na época estavam iniciando o convívio com os povos indígenas, tinham certa dificuldade para explicar ou definir a tal da globalização, os interesses e os perigos que ela poderia trazer não só para os povos indígenas, mas para as populações mais carentes da sociedade.

Até a virada do século os missionários ainda tinham a oportunidade de conhecer e conviver com vários grupos indígenas que ainda viviam e cultivavam as tradições que receberam de seus antepassados. Para alguns deles, sobretudo aqueles que levavam no sangue a mistura das culturas, era como um sonho e, ao mesmo tempo, uma realidade em plena virada do século vivenciar a experiência do convívio com esses povos.

> Era uma grande honra ser recebido e passar longas temporadas tentando aprender a viver uma forma de vida totalmente diferente da que se vivia no meio da sociedade (Diários de Campo dos Xaverianos, 1997-2003, biblioteca da Pastoral Indigenista, Redenção, Pá).

Tinha-se a sensação de estar vivendo em um pedaço do paraíso, mas, por outro lado, aparecia a preocupação de que a presença de estrangeiros por períodos prolongados no meio dessas populações viesse trazer mudanças significativas nas formas de vida, cultura e tradições delas. Os próprios missionários inseridos nas populações indígenas reconheciam que mesmo se esforçando bastante em ser coerentes, acabavam manifestando as necessidades da cultura ocidental dominante.

3. Divisões internas

3.1. Fronteira ideológicas entre gerações

Não sabemos a ciência certa se foi por uma "ironia do destino" ou por ter sido um dos principais meios de divulgação das ideologias da globalização, mas os primeiros sinais de mudança nas formas de vida e costumes dos povos tradicionais vieram através da "educação oficial", implantada pelo Estado nas aldeias dos povos indígenas; querendo ou não a globalização era um dos principais pilares de desenvolvimento pregado pelo sistema do qual também a educação oficial faz parte.

Aconteceu que vários dos municípios da região amazônica foram orientados pela SEDUC a assumir a educação indígena nas aldeias, enviando professores externos sem nenhuma preparação prévia sobre a língua e cultura dos povos indígenas, assumindo as funções educativas, até então realizadas pelos missionários. Dessa forma os missionários religiosos e leigos, que desenvolviam a função de professores a pedido dos indígenas tiveram de passar a função para os professores do Estado.

Vários missionários leigos, inclusive que atuavam como professores, acabaram desistindo da missão por acharem que não tinham mais o que fazer nas aldeias. A própria presença dos missionários religiosos nas aldeias passou a ser questionada por estes não concordarem com a forma de educação que o Estado começou a aplicar nas aldeias. Tratava-se de uma educação completamente descontextualizada, os professores não tinham recebido nenhuma preparação específica para atuar nas escolas indígenas; a maioria deles não tinha nem noção do que era uma educação *"intercultural, bilíngue e diferenciada"*.

Isso não quer dizer que a educação assumida e ministrada até então pelos missionários, leigos e religiosos, não fosse oficial. Era sim, só que diferente do Estado, os missionários que atuavam como professores nas aldeias indígenas, além se observar as normas da educação oficial do Estado, seguiam as orientações de Conselho Indigenista Missionários CIMI, que, por sua vez, se baseava nos princípios constitucionais sobre a educação indígena, isto é, ela deveria ser: *"Bilíngue,intercultural, específica e diferenciada"*.

Não precisou de muito tempo para que entre a juventude indígena começarem a manifestar os sinais de inconformidade e rejeição aos sistemas da própria organização tradicional, sonhando serem os arautos e principal beneficiário das ilusórias mudanças e benefícios da tal da globalização, que era introjetada no imaginário da juventude indígena, mas que infelizmente se gestava na sociedade mundo afora.

Concomitante com a educação chegou também às aldeias a televisão, que facilitou a total assimilação da ideologia da globalização. *Chavões de propaganda e o mundo da moda eram temáticas recorrentes entre a juventude indígena na época.*

> Os conflitos locais e o desinteresse pelo bem comum são instrumentalizados pela economia global para impor um modelo cultural único, diz o Papa Francisco, retomando o pensamento do seu antecessor. Essa cultura unifica o mundo, mas divide as pessoas e as nações, porque "a sociedade cada vez mais globalizada torna-nos vizinhos, mas não nos faz irmãos" (cf. Fratelli Tutti n. 12).

A sabedoria dos sábios e anciãos não se engana, logo começaram a perceber as mudanças e divisões nas novas gerações. Hoje, parecem tão presentes as palavras ditas por um dos grandes e respeitáveis caciques do povo Me-be-ngô-kre naquela época.

> Ele diz: É, meu amigo Wajangá! (padre missionário). É muito bom que os jovens aprendam as coisas dos brancos, porque a terra (o mundo) é muito grande, mas o branco é muito esperto (malandro), ele engana. Pior ainda, os nossos jovens agora só querem saber das coisas do branco, não se interessam mais pelas coisas do índio, da nossa cultura. Um dia vão esquecer! E não é que a profecia há um tempo vem se cumprindo (Diários de campo dos Xaverianos, 1997-2003, Biblioteca da Pastoral Indigenista, Redenção, Pá).

3.2. Fronteiras econômicas e de poder

> *"O dinheiro (Pi'*ôk *kapri) produz desintegração, divisão e pobreza..."*

Um outro sinal das mudanças começou a ser percebido com a entrada de dinheiro vivo de forma individual ou pessoal. Isso não quer dizer que antes não entrasse ou fosse desconhecido, o dinheiro era bem conhecido, inclusive com nome próprio na língua kayapó, ***Pi'***ôk ***kapri*** (folha triste), só para dizer que era uma coisa sem consistência própria e, até mesmo, para economia dos povos indígenas tinha pouca significância.

Nessa época, uma grande maioria dos indígenas da região amazônica mantinha uma economia própria, baseada nas tradições ancestrais. Praticava uma agricultura de "subsistência" que lhe garantia a alimentação por dois ou três anos, o resto ou complemento (carne, peixe, frutas e sementes) era oferecido pela generosidade e abundância da própria natureza. "*Só não tinha de comer quem não quisesse trabalhar...!*"

Entre as décadas de 1960 a 1980 entraram montanhas de dinheiro na maioria das comunidades e aldeias indígenas de toda a região amazônica, primeiro com o garimpo e logo com a extração de madeira; ambas as práticas ilegais e clandestinas, mas não se tem conhecimento de algum povo indígena que tenha enriquecido nesse período. Sabe-se, no entanto, que a partir dali começou a destruição e contaminação do meio ambiente; a divisão entre as comunidades, mesmo latente, manifestava-se timidamente; algumas comunidades, porém, ficaram mal-acostumadas com a entrada de mercadorias dos brancos.

Na época, apesar de entrar grandes quantidades de dinheiro, as divisões internas nas comunidades indígenas eram pouco perceptíveis, de um lado porque só as lideranças e o grupo dos guerreiros eram os habilitados para fazer as negociações com os brancos (aqueles que mais ou menos entendiam o Português); e outro lado, tinha-se a vantagem de que os próprios indígenas ainda mantinham a convicção e a credibilidade nas instituições e organizações sociais tradicionais. Tanto o dinheiro quanto os bens adquiridos nas negociações, da mesma forma que a propriedade da terra, eram percebidos dentro do aspecto coletivo ou comunitário.

Os bens adquiridos nos negócios eram administrados pelas autoridades em curso (metas complementares), às quais cabia fazer a distribuição "equitativa" entre todas as famílias da comunidade, de maneira que ninguém passasse necessidade.

Até ali, tudo ia mais ou menos bem. Dependendo da experiência e do engajamento dos missionários ainda dava para orientar as gerações mais jovens sobre os riscos e perigos que ocorreriam senão se mantivessem unidos dentro das próprias organizações tradicionais.

Na época dos não indígenas presentes nas aldeias, entre professores, chefes de posto, enfermeiro e missionários, cabia a estes últimos fazer o papel de "Advogados do diabo", pois eram eles os que mais ou menos entendiam e percebiam os prejuízos que a globalização traria para os povos indígenas.(Diários de campo dos Xaverianos, 1997-2003, Biblioteca da Pastoral Indigenista Redenção, Pá).

Vários indígenas entenderam a mensagem e, hoje em dia, alguns deles que se formaram na educação hoje atuam como professores nas próprias aldeias, exercendo forte influência também como lideranças. É por intermédio deles que ainda se consegue manter as tradições junto às porções da população que não se deixaram levar pelas ilusórias promessas da globalização, ou pelo menos souberam contornar os problemas que estas poderiam causar a suas comunidades. Em outras palavras, souberam discernir e assimilar as coisas boas que vinham de fora sem se afastarem da própria tradição.

Com a abertura à educação, o ingresso dos idosos ao benefício social da aposentadoria e outras várias mudanças, frutos da globalização, a coisa despencou de vez. Os bens coletivos e o senso comunitário começaram a ser questionados pelos grupos das gerações mais novas; as próprias instituições políticas e sociais foram se transformando e perdendo seu valor e sentido tradicionais.

A organização social e o controle da comunidade, tradicionalmente, couberam aos anciãos homens e mulheres, isto é, os mais experientes ou sábios no âmbito da própria cultura e tradições; enquanto que a organização política era delegada por sucessão ou escolha daqueles que se destacavam na liderança, defesa e proteção do povo, e sobretudo, que possuíssem espírito generoso.

No sistema tradicional coletivo do bem comum, ninguém na comunidade tinha mais ou menos que o outro e ninguém passava necessidade, pois, além dos bens serem comunitários, o sistema da retribuição era uma prática comum entre os indígenas, baseado no seguinte princípio: *"Se hoje eu tenho, partilho com a comunidade, na certeza de que, se amanhã eu não tiver, não faltará quem se compadeça de mim..."*.

Os povos nativos da Amazônia possuem um forte sentido comunitário. Vivem assim "o trabalho, o descanso, os relacionamentos humanos, os ritos e as celebrações". Tudo é compartilhado. A vida é um caminho comunitário onde as tarefas e as responsabilidades se dividem e se compartilham em função do bem comum (cf. Querida Amazônia, n. 20).

No sistema tradicional, os bens comuns eram distribuídos pelo cacique ou pelas lideranças da comunidade, de acordo com as necessidades. Depois que se começou a ter acesso aos benefícios sociais do governo, começando pelas aposentadorias dos idosos, o individualismo passou a reinar na comunidade.

> O egoísmo neoliberal tinha contaminado a juventude; era muito comum ouvi-los dizer: a aposentadoria é dos nossos velhos e, por tanto, cabe à família dispor dela como quiser. Logo, pela cobiça e inexperiência dos novos, os primeiros a passar necessidade foram os próprios idosos (Diários de campo dos Xaverianos, 1997-2003, Biblioteca da Pastoral Indigenista, Redenção, Pá).

3.3. Pressão externa

Fronteiras econômicas, políticas e de poder

As divisões internas, "fronteiras ideológicas e de poder", dão passagem às pressões externas, dando assim origem às – **fronteiras econômicas, políticas e de poder** –, colocando o antagonismo entre populações indígenas comunidades tradicionais e a sociedade.

Enquanto a divisão interna das comunidades indígenas se gestava por si sozinha, digamos, pela incompreensão e falta de experiência das gerações mais novas, as pressões externas começaram a se manifestar.

Enquanto os guerreiros mais novos ficavam iludidos pelas promessas de mudança introduzidas pela ideologia da globalização, aguardando que estas "caíssem do céu", começaram aparecer as tentativas de invasão das terras indígenas por todo canto. Organizadas no começo por pequenos grupos de aventureiros, tentando reavivar os resquícios da "grilagem de terra", do passado ainda latente na região amazônica.

As disputas entre os pequenos, sabendo que ambos se encontram em um mesmo lado da balança, geralmente se resolvem no diálogo e no bom senso. No entanto fica latente a suspeita de que grupos mais poderosos estejam por trás das ações de invasão realizadas por pequenos, de braçais, utilizando-os apenas como ponta de lança.

As suspeitas não demoram a se confirmar, logo apareceram poderosos grupos políticos e econômicos saindo em defesa dos "coitados" invasores das terras indígenas, escoltando-se nos desgastados slogans: *Para que tanta terra, para poucos índios...? Ou, Índio não produz, só causa prejuízo!*

> Em relação aos indígenas diz o Papa: As suas vidas e preocupações, a sua maneira de lutar e sobreviver não interessam, são considerados mais como obstáculo do qual temos de nos livrar do que como seres humanos com a mesma dignidade que qualquer outro e com direitos adquiridos (cf. Querida Amazônia, n. 12).

Criou-se, assim, um antagonismo entre os indígenas, moradores e protetores da terra e do meio ambiente, e os grupos de poder, interessados apenas no lucro e na exploração. Dali em diante iniciou-se uma luta dos poderosos contra os pequenos. De um lado, os povos indígenas, moradores e donos legítimos das terras tradicionalmente ocupadas por eles e, do outro lado, os poderosos grupos do poder político e econômico, digladiando-se em uma luta de "Davi contra Golias", que vem se alastrando há décadas; por vezes no campo de batalha; por vezes transitando em diversos escalões no Congresso, e no final de cada reviravolta, assemelha-se mais com uma "Guerra sem-fim" de Ciência-ficção, com a variante que nesta guerra quem sai perdendo sempre é o pequeno.

Como em toda contenda, há aqueles que são a favor e aqueles que são contra, seja de uma parte ou da outra. Da parte dos contendentes, cada um conta com seus aliados e apoiadores. Do lado dos pequenos, os aliados podem até parecer poucos, mas todos são de rostos calejados e conhecidos, são aqueles que confiam não só na justiça dos homens, mas na justiça divina, d'Aquele que é Pai e Criador de uns e também dos outros.

> Tudo isso acontece dentro de uma perspectiva que não reconhece os direitos dos povos nativos ou simplesmente os ignora como se não existissem e como se as terras onde habitam não lhes pertencessem (cf. Querida Amazônia, n. 12).

Do lado dos grupos do poder econômico e político os aliados sempre foram muito numerosos, mesmo que nem sempre se identificassem abertamente, é por todos sabido que grandes conglomerados de congressistas não somente são apoiadores, mas fazem parte dos grupos, seja econômico como político. Dessa forma, foi-se dando nome "às boiadas" que passaram pela porteira do conhecimento público, sendo denominadas como "bancada dos ruralistas", "bancada do agronegócio" e, inclusive, a "bancada dos evangélicos", assim por diante.

O auge dessa epopeia, que como já foi dito vem se alastrando há décadas, aconteceu no período de 2018 a 2022, quando o Poder Executivo, aliado número um dos grupos de poder, colocou à disposição deste todo o aparato executivo de seu governo.

O desfecho ainda não chegou ao fim, por vezes a "balança da justiça" parece inclinar-se a favor dos pequenos..., mas as artimanhas do poder voltam aparecer, e ali as coisas parecem que retornam à estaca zero. A cobiça dos poderosos não acabou e, nunca acabará, sempre aparecerão por ali para tirar proveito do pouco que sobrar para os pobres e os pequenos.

Conclusão

Questões simples, que poderiam ter sido contornadas e assimiladas através da escuta dos anciãos, sábios e mais experientes na vida; ou, quem sabe, até na escuta às orientações dos missionários, que atuavam sem outros interesses a não ser a convicção de estar colaborando na construção de um futuro melhor não só para as populações indígenas, mas para toda a humanidade deste planeta chamado Terra. **"Nossa Casa Comum**."

Em um cenário como o descrito neste artigo não devem ser poucas as vezes que chega a vontade de largar tudo e ir à procura de melhores rumos...! Mas não é pelo interesse pessoal, bens materiais ou vitórias gloriosas que o missionário "ad gentes" deixa tudo, e vai...! É por ter ouvido aquele mesmo chamado que o próprio Jesus Cristo fez àqueles que deixaram tudo e foram.

Pode acontecer que uma ou várias interrogantes apareçam no final da narrativa. Por exemplo: onde ficaram mesmo as "novas fronteiras", ou no meio desse embrulho todo, onde que estavam os tais de missionários "ad gentes"?

As fronteiras, como foi salientado ao longo da narrativa, em sua maioria, são ideológicas, mas reais em nosso dia a dia, cabe a cada um descobri-las, dependendo do lado que se coloque nessa contenda. O missionário que escolheu se colocar do lado dos privilegiados do Reino sofre junto quando se tem de sofrer, mas também se alegra quando é tempo de sorrir, nas derrotas chora junto e nas vitórias celebra com júbilo.

As derrotas esquecemos logo, mas as vitórias ficam marcadas para sempre. E essas têm sido nossas nos últimos tempos: celebramos junto com toda a Igreja o Sínodo para a Amazônia; renovamo-nos e alegramos celebrando os 50 anos do Documento de Santarém. Ora, se é para celebrar mesmo. Lá vamos nós, junto com os pequenos, "*o resto dos povos da Amazônia*", refazendo a **Memória**, na **Esperança**, **Mística** e **Resistência**, revivendo os 50 anos da criação do Conselho Indigenista Missionário, CIMI.

O papa Francisco, com plena razão, tem falado, inúmeras vezes, seja em seus discursos como nas exortações, da importância da figura do missionário no meio dos povos indígenas, e nós acreditamos que assim seja, portanto concluímos com as suas próprias palavras:

"Oxalá não seja inútil tanto esforço, sofrimento, mas tenhamos dado um salto para uma nova forma de viver e descubramos, enfim, que precisamos e somos devedores uns dos outros, para que a humanidade renasça com todos os rostos, todas as mãos e todas as vozes, livres das fronteiras que criamos" (cf. Querida Amazônia, n. 35).

Bibliografia

CELAM. *Documento de Aparecida.* (2007) V Conferência Geral do Episcopado Latino-Americano e do Caribe. Brasília: CNBB.

FRANCISCO (2015). *Misericórdia Voltus*: Bula de proclamação do jubileu extraordinário da misericórdia. Paulinas.

FRANCISCO (2020). *Carta encíclica Fratelli Tutti*: sobre a fraternidade e a amizade social. CNBB.

FRANCISCO (2020). *Exortação Apostólica Pós-sinodal Querida Amazônia*: ao povo de Deus e a todas as pessoas de boa vontade. CNBB.

IV ENCONTRO DA IGREJA CATÓLICA NA AMAZÔNIA LEGAL. *Documento de Santarém 50 anos: Gratidão e Profecia.* CNBB, 1022.

MISSIONÁRIOS XAVERIANOS *Diários de Campo dos Xaverianos, 1997-2003.* Biblioteca da Pastoral Indigenista, Redenção, Pá.

11

CATEQUESE EM CHAVE MISSIONÁRIA

Elisabeth Miguel Espinhara

Introdução

A catequese, em seu dinamismo missionário, respondendo ao mandato de Cristo, "*Ide e fazei discípulos*", é desafiada neste novo tempo a buscar novas maneiras para a transmissão da fé. Sabemos que ela tem como objetivo levar a pessoa a crescer em sua fé inicial. Tal amadurecimento, se dá na medida em que se aprofunda os mistérios de Cristo e da Igreja. Neste conjunto de iniciativas, o centro é o conhecimento sobre Jesus Filho de Deus, o missionário do Pai, que instaura o Reino aqui neste mundo.

Diz o Documento de Aparecida que "uma comunidade que assume a iniciação cristã renova sua vida comunitária e desperta seu caráter missionário" (DAp, 291). Faz-se necessário, desta forma, empenho para o florescer missionário de todo o povo de Deus.

A Igreja deve favorecer esse novo advento missionário. Muitos estão à espera de Cristo, os quais encontramos nos espaços culturais onde o anúncio evangélico chegou de maneira superficial, ou ainda, lá onde a comunidade cristã está escassamente presente.

Esses são amplos e requerem unidade e comunhão de todas as forças. Como ficar tranquilos diante de tal apelo missionário? A Espiritualidade missionária, quando vivida em toda a sua totalidade, deixa a Igreja nesse estado de intranquilidade (RMi, 86). Ela leva a Igreja a renovar-se com fervor e buscar novos métodos, novas ferramentas, meios e linguagem adequados para a transmissão da fé cristã.

Nesse processo, servem de inspiração as reflexões do papa Francisco, na *Fratelli Tutti*, em que ele nos convida a confiar na esperança enraizada no mais profundo do ser humano, independentemente de circunstâncias e condicionamentos históricos da pessoa. Essa esperança é um anseio de plenitude, de vida plena, de busca de algo grande, que enche o coração e eleva o espírito para novas buscas, como a verdade, a bondade e a beleza, a justiça e o amor.

Para Francisco, não é possível evangelizar e educar na fé sem a esperança. O Papa afirma que é na ousadia, no olhar que vai além das comodidades pessoais, na renovação, na busca das pequenas seguranças e compensações que reduzem o horizonte, que se pode encontrar elementos para abrir-se aos grandes ideais que tornam a vida mais bela, digna e, por que não, mais missionária? (FT, 55).

Com o presente artigo propomos apresentar primeiramente as motivações para maior esclarecimento da catequese em chave missionária; mostrar esse dinamismo no Diretório da Catequese; em seguida, evidenciar o caráter missionário da paróquia; sensibilizar nela a formação de discípulos missionários e finalizar proporcionando algumas orientações práticas para o bom êxito da paróquia.

Tivemos, no Brasil, pessoas catequizadas, mas não evangelizadas. É necessário, contudo, reconhecer que muitos esforços foram realizados nos últimos anos a fim de superar essa grande lacuna.

O amadurecimento da fé cristã exige que seus interlocutores assumam como próprias as dores da humanidade em caráter também universal, *ad gentes*. É assim que ressaltamos a catequese em chave missionária como instrumento incisivo nesta temática.

O presente artigo traz essa preocupação, desta forma nossa reflexão perpassa os pontos: a motivação para tal escolha; apresentação do dinamismo missionário no Diretório da Catequese; a importância da conversão missionaria da paróquia; a catequese como ferramenta indispensável para formar discípulos missionários; finalização com algumas dicas para o florescer missionário das pessoas que frequentam tal itinerário, evidenciando o caráter universal, *ad gentes*. Também este estudo tem presente alguns documentos sobre a temática missionária e catequética no magistério.

1. Motivação para a catequese em chave missionária

Percebe-se nas várias comunidades cristãs uma frágil compreensão da responsabilidade com a evangelização dos outros povos. Essa entendida como partilha recíproca dos dons da fé cristã. E, ainda, para responder ao mandato de Cristo: "Ir e fazer discípulos" (Mt 28,20).

A consciência da missão universal da Igreja deveria tocar as pessoas que frequentam as comunidades como um todo, levando-as a sentir o desejo de colaborar em sua transmissão da fé, isso igualmente nos lugares geográficos e existenciais que desafiam sua ação evangelizadora.

A transmissão da fé para as novas gerações é um momento de "graça", ainda mais quando as levam a seguir Cristo em discipulado autêntico, corajoso e militante.

A catequese, parte indispensável do processo de evangelização, dá continuidade à atividade missionária da Igreja. Essa vincula-se à urgência que Aparecida sinaliza:

> Necessitamos sair ao encontro das pessoas, das famílias, das comunidades e dos povos para lhes comunicar e compartilhar o dom do encontro com Cristo que tem preenchido nossas vidas de "sentido", de verdade e de amor, de alegria e de Esperança! Não podemos ficar tranquilos à espera passiva em nossos templos, mas é urgente ir em todas as direções para proclamar que o mal e a morte não tenham a última palavra, que o amor é mais forte, que fomos libertos e salvos pela Vitória Pascal do Senhor da história,

> que ele nos convoca em Igreja, e quer multiplicar o número de seus discípulos na construção do seu Reino em nosso continente! Somos testemunhas e missionários" (DAp, 548).

Esse chamado a estar disponíveis à saída missionária faz com que a catequese seja ela mesma missionária, porque acolhe aqueles que se afastaram e estão em busca e gera novos dinamismos missionários nos catequizandos. Quando a Igreja convoca a essa tarefa evangelizadora, não faz mais que indicar aos cristãos o verdadeiro dinamismo da realização pessoal (CELAM, 57).

Na catequese missionária, em todo o discurso transparece o primeiro anúncio, como afirma Francisco: toda a formação cristã é, antes de tudo, o aprofundamento do querigma, esse é o centro da catequese e permite compreender adequadamente o sentido de qualquer assunto que se desenvolva em seu itinerário. É o anúncio que responde ao desejo de infinito que está em todo o coração humano (CELAM, 58).

A catequese, como parte da missão continental, faz tomar consciência de que a vocação missionária é elemento constitutivo da identidade da Igreja e do discípulo de Jesus. A conversão ao Reino de Deus se vive na incorporação e pertence à Igreja evangelizadora e predispõem a jubilosa saída missionária (CELAM, 59).

Expressão da enfermidade eclesial é a falta de missionariedade. Assim se expressou o papa João Paulo II sobre a urgência missionária da Igreja: "Uma Igreja, fechada em si mesma, sem abertura missionária, é uma Igreja incompleta ou está doente" (JOÃO PAULO II, 1981).

O grande apóstolo e missionário Paulo afirmou: "Anunciar o Evangelho não é um título de glória para mim, pelo contrário, é uma necessidade que me foi imposta". E acrescenta: "Ai de mim se eu não anunciar o Evangelho" (1Cor 9,16).

O Documento de Santo Domingo nos dá o seguinte ensinamento a respeito desse assunto: "A Igreja peregrina é missionária por natureza, uma vez que procede da missão do filho

Jesus e da missão do Espírito Santo, pela vontade de Deus Pai. A evangelização é a sua razão de ser, ela existe para evangelizar. Para a América Latina, providencialmente animada com um novo ardor missionário, chegou a hora de levar a sua fé aos povos que ainda não conhecem Cristo, na certeza convicta de que é dando a fé que ela se fortalece" (DSD, 12).

Porque a missão universal da Igreja é responsabilidade de todos os batizados, a catequese deve ter como preocupação a compreensão do discipulado missionário em todos os seus interlocutores, isso desde o início de sua formação catequética. Essa conotação é claramente presente no diretório catequético.

2. O diretório da catequese e a perspectiva missionária

A perspectiva missionária reveste o Diretório como um todo. Percebe-se que no contexto do renovado anúncio do evangelho nos cenários em mudança da cultura contemporânea, a Igreja tem cuidado para que cada uma de suas atividades tenha uma intrínseca conotação evangelizadora e missionária. Uma vez que "a ação missionária é o paradigma de toda obra da Igreja" (EG, 15). Disso vem o apelo para que também a catequese esteja a serviço da evangelização e que, a partir dela, se desenvolvam algumas atenções fundamentais para que a todas as pessoas esteja aberto o acesso pessoal ao encontro com Cristo. Em diferentes contextos eclesiais, embora com diferentes linguagens, vão se fazendo presentes alguns *sotaques* da catequese, testemunho de um sentir comum, no qual se reconhece a ação do Senhor (Diretório da Catequese, 48).

Única é a missão que Jesus ressuscitado confiou à sua Igreja, mas multifacetada ela se apresenta em seu exercício, com base nas pessoas e nos âmbitos aos quais se dirige. A missão *ad gentes* é o paradigma da ação pastoral da Igreja: destina-se a "povos, grupos humanos, contexto socioculturais onde Cristo e o seu evangelho não são conhecidos, onde faltam comunidades cristãs suficientemente amadurecidas para poderem encarnar a fé no próprio ambiente e anunciá-la a outros grupos" (RMi, 33).

Com relação a esse paradigma, a Igreja é hoje chamada a ser e a se colocar em estado de missão permanente em todo o mundo e transformar cada uma de suas ações em perspectiva missionária (Diretório da Catequese, 49). Podemos nos perguntar se também nossas ações na educação da fé levam o coração dos interlocutores a arder por este dinamismo missionário, caso contrário, é necessário revê-las com audácia e criatividade.

Nessa renovada consciência de sua vocação, a Igreja repensa igualmente a catequese neste contexto de saída missionária. Por essa razão, ela estará disponível a colocar-se à procura dos clamores de verdade que já estão presentes em diversas atividades humanas, na confiança de que Deus está misteriosamente em ação no coração de cada pessoa, antes mesmo de ela ser explicitamente alcançada pelo evangelho. Nesse sentido, saberá fazer-se próxima das pessoas de nosso tempo, caminhando lado a lado onde se encontram.

A catequese é uma grande parceira na formação dos novos discípulos missionários, ela forma para a missão, leva ao amadurecimento das atitudes de fé e conscientiza de que são discípulos missionários, chamados a participar ativamente do anúncio do evangelho e a fazer presente o Reino de Deus no mundo: "A intimidade da Igreja com Jesus é uma intimidade itinerante, e a 'comunhão reveste essencialmente a forma de comunhão missionária'" (EG, 23) (Diretório da Catequese, 50).

A relação da educação da fé com a missionaridade é de íntima ligação e fazem parte do mesmo itinerário catequético. Desde seu início, indo até a formação continuada de seus interlocutores, o caráter missionário deve ser uma conotação constante, fazendo assim com que as pessoas se tornem protagonistas na Igreja em saída.

A perspectiva missionária que reveste todo o Diretório deve ser para os catequistas um incentivo para mudar suas atuações na catequese em direcionamento missionário, levando a práticas mais incisivas no que diz respeito a evangelização aos outros povos.

É possível fazer com que os interlocutores da catequese sintam os corações arderem pela missão universal da Igreja, mas, para isso, a catequese necessita de práticas claramente missionárias durante todo o seu itinerário.

3. O dinamismo missionário da paróquia

A catequese encontra um ambiente privilegiado para o seu florescer missionário no ambiente paroquial. De fato, o Documento de Aparecida aposta no papel missionário dela. Assim, todas as pessoas e pastorais são inseridas neste dinamismo missionário. Ela se torna desta maneira lugar onde se acolhem os pobres, escuta-se a palavra, celebra-se os ministérios (DAp, 171 ao 175).

A renovação missionária das paróquias se impõe, tanto na evangelização das grandes cidades como do mundo rural. Particularmente no mundo urbano é urgente a criação de novas estruturas pastorais (DAp, 173). A paróquia missionária é casa dos pobres e da juventude (DAp, 179 e 446). A catequese é instrumento privilegiado para fazer com que ela atinja seu ápice no dinamismo missionário.

Assim ela terá como preocupação o encontro com seus interlocutores ajudando-os no crescimento da consciência da Igreja em saída missionária, ela os encontrará:

- na pastoral ordinária;
- com as pessoas batizadas, porém que deixaram de viver as exigências do batismo;
- com aqueles que não conhecem Jesus Cristo ou que sempre o recusaram (EG, 14).

Terá da mesma maneira um olhar atento aos pobres, reconhecendo neles a força salvífica de Jesus Cristo (EG, 198). O que Deus nos fala, interpela-nos por intermédio dos pobres?

A evangelização das pessoas adultas e jovens permanece para a catequese um grande desafio. A inserção deles nos vários ministérios está longe de atingir os objetivos esperados.

A Segunda Semana Brasileira de Catequese, realizada de 08 a 12 de outubro de 2001, mobilizou o Brasil em torno da Catequese com adultos. Ela insistiu "na importância de um itinerário de iniciação e de formação permanente que permita uma opção de fé consciente manifestada em atitudes evangélicas na vida pessoal, na Igreja e na sociedade. Isso supõe um processo de conversão e de aprofundamento constante da mensagem de Cristo" (NERY, 2018). Tantos anos se passaram desde este evento, e ainda nos questionamos sobre os métodos no diálogo com os interlocutores adultos e juvenis. Quais estratégias poderíamos ainda aplicar neste itinerário, a fim de obtermos resultados mais incisivos no discipulado missionário?

É necessário reconhecer que passos foram dados neste sentido, contudo, estes são ainda muito frágeis e necessitamos avançar para águas mais profundas, isso porque, em virtude do nosso batismo, cada membro do povo de Deus é discípulo missionário de Jesus Cristo (Mt 28,19). Assim, ninguém pode renunciar a este compromisso na evangelização da sociedade atual.

4. Catequese em chave missionária para formar discípulos missionários

A Igreja é missionária por natureza, por consequência também a catequese segue o mesmo princípio norteador de seu dinamismo catequético.

Partimos deste paradigma: a catequese é, antes de tudo, um processo de iniciação à vida cristã que busca integrar todas as dimensões da pessoa tendo como fonte de inspiração o catecumenato dos primeiros séculos, como apontam os documentos mais recentes do Magistério. Nesse novo paradigma, o querigma é o fio condutor de todo o processo catequético, que tem como finalidade principal levar a pessoa ao encontro com

Jesus Cristo vivo. Desse encontro nasce o entusiasmo missionário da pessoa. Portanto, a catequese no novo paradigma tem um marcante espírito missionário (CELAM, 2017 p. 10-11).

É urgente iniciar um processo de iniciação à vida cristã que comece pelo querigma e que, guiado pela palavra de Deus, leve a pessoa ao encontro pessoal com Jesus Cristo (DAp, 289).

O conteúdo da catequese, em perspectiva missionária, deve levar a pessoa a florescer sua consciência missionária. Levando-a a superar os condicionamentos que a impedem de ser sal da terra e luz no mundo, e, consequentemente, despertando-se para um maior compromisso missionário também para com a missão *ad gentes*, engajando-se nas três formas de cooperação missionária: envio de pessoas, partilha fraterna de recursos financeiros e oração por todas as realidades, ou seja, com um coração universal.

O dinamismo missionário da catequese é evidente quando consegue colocar a pessoa em estado permanente de conversão e faz com que ela cresça continuamente em sua responsabilidade na atuação apostólico-missionária.

A sociedade passou por profundas transformações também em âmbito eclesial, e, diante disso, devemos reconhecer que uma formação frágil e, muitas vezes, inadequada para enfrentar os delicados desafios não favorece uma vida cristã madura e comprometida. Outro ponto a se destacar é a espiritualidade missionária que deve moldar todo o itinerário catequético e acompanhar os catequizandos durante a realização de sua missão.

É fundamental que, na catequese, haja uma formação que torne as pessoas conscientes de serem chamadas e enviadas a prolongar a missão de Cristo no próprio ambiente onde se encontram e, igualmente, fora dele. O tempo de catequese é terreno propício para fazer florescer essa consciência missionária.

A conversão da paróquia é uma urgência missionária. Isso requer colocar todas as suas atividades em chave missionária. A catequese permanece, dessa maneira, o instrumento de grande relevância nesse processo.

5. Orientações práticas para a catequese em chave missionária

A catequese em chave missionária será profundamente querigmática. É a partir deste centro que virá suas ações, atitudes e posturas. Desta maneira ela deverá:

- Fomentar a cultura vocacional-missionária.
- Buscar conteúdos apropriados para o despertar e florescer da consciência missionária, privilegiando a fonte bíblica da missão.
- Incentivar a participação em atividades missionárias específicas: visitas missionárias, caminhada missionária, exposição missionária, jornada missionária, dentre outras.
- Proporcionar celebrações missionárias durante o período de formação catequética, tais como: terço missionário, adoração eucarística missionária.
- Realizar formações em modalidade híbridas e ter preocupação com a socialização dos interlocutores da fé, privilegiando os ambientes comunitários, familiares e de contato com pessoas em situações e ambientes vulneráveis.
- Despertar para a implantação de grupos com espiritualidade missionária: Infância missionária, adolescentes missionários, juventude missionária, idosos missionários (POM).

Considerações finais

A catequese em chave missionária é uma das urgências atuais. Espera-se dela que esteja ao lado das pessoas mais fragilizadas em sua vida de fé. Além disso, que ela possa levar seus catequizandos e crismandos a seguir os passos de Jesus Cristo, o missionário do Pai. E ainda, que tenha a preocupação que seus interlocutores se insiram no mundo e sejam protagonistas na transformação dele a partir de dentro, proporcionando-lhe a proposta do Reino de Deus.

Fazer discípulos missionários é seu principal objetivo. Ela coloca no coração de seus interlocutores o anseio profundo de fazer com que ninguém se sinta sozinho, desamparado. Porque estes fazem a experiência de que alguém os acompanha pelo caminho, como o foi para os discípulos de Emaús, “corações ardentes, pés a caminho”, como foi decidido para o lema do ano vocacional no Brasil em 2022-2023.

A catequese em chave missionária deve despertar para a esperança, a solidariedade, o compromisso com aqueles e aquelas que buscam incansavelmente o encontro com a pessoa de Jesus Cristo. E, igualmente, fazer com que seus corações ardam pela missão *ad gentes,* assumindo pelos povos atitudes de interesse evangelizador e de solidariedade universal.

Por isso mesmo é parte fundamental nela abertura ao novo e dedicação na busca daqueles que se distanciaram da fé cristã e de sua prática transformadora “até os confins do mundo” (Mt 28).

É possível então concluirmos que o dinamismo missionário na catequese realiza-se concretamente quando leva seus interlocutores a renovar a fé; a dar testemunho do Evangelho nos próprios ambientes, em outros grupos ou até mesmo indo ao encontro de povos ou contextos culturais que ainda não encontraram conscientemente com Cristo. E, ainda, quando dão testemunho na vida comunitária exercendo a caridade; quando vivem os valores do Reino seguindo o exemplo de seu mestre Jesus; quando promovem a paz, a tolerância pela força do amor; quando testemunham a salvação em Cristo para todos. Em outras palavras, quando assumem uma presença profética no mundo por meio do anúncio dos valores cristãos vividos em primeira pessoa e, ainda, quando com coragem, sabedoria, ousadia, leva ao coração da humanidade a esperança evangélica.

Para refletir:

1) Quais aspectos poderíamos destacar da catequese em chave missionária que a diferencia da catequese “habitual”?

2) As ferramentas e estratégias apresentadas neste artigo são importantes para o florescer missionário dos interlocutores

da catequese também para um olhar mais incisivo à missão ad gentes? Justifique.

3) Em que a catequese de inspiração catecumenal pode iluminar nossa pedagogia catequética?

4) A catequese em chave missionária é uma boa escolha para o florescer vocacional missionário? Como?

Referências Bibliográficas

CELAM. 920150. *A alegria de iniciar discípulos missionários na mudança de época*. São Paulo: CNBB.
CELAM (1992) *Conclusões da IV Conferência de Santo Domingo*. Texto Oficial. São Paulo: Paulinas.
CELAM (2007*). Documento de Aparecida. Texto conclusivo da V Conferência do Episcopado latino-americano e do Caribe*. São Paulo: CNBB, Paulus, Paulinas.
FRANCISCO (2013). *Evangelii Gaudium, a Alegria do Evangelho.* Sobre a anúncio do Evangelho no mundo atual. São Paulo: Paulus, Loyola.
FRANCISCO (2020). *Fratelli Tutti.* Sobre a fraternidade e a amizade social. São Paulo: CNBB.
SUESS, Paulo (2010). *Dicionário de Aparecida.* 42 palavras para uma leitura pastoral do Documento de Aparecida. São Paulo: Paulus.
SUESS, Paulo (2015). *Dicionário da Evangelii gaudium.* 50 palavras-chave para uma leitura pastoral. São Paulo: Paulus.
JOÃO PAULO II (2008). Carta Encíclica *REDEMPTORIS MISSIO.* Sobre a validade permanente do mandato missionário. São Paulo: Paulinas, 2008.
JOÃO PAULO II. Exortação Apostólica **Pós-Sinodal CHRISTIFIDELES LAICI.** Disponível em: https://www.vatican.va/content/john-paul-ii/pt/apost_exhortations/documents/hf_jp-ii_exh_30121988_christifideles-laici.html Acesso em: 06/07/2021.
NERY, Israel José. *4ª Semana Brasileira de Catequese.* Dis-

ponível em: http://www.catequesedobrasil.org.br/noticia/2-sbc-segunda-semana-brasileira-de-catequese Acesso em: 30/06/2021.

PONTIFÍCIO CONSELHO PARA A PROMOÇÃO DA NOVA EVANGELIZAÇÃO (2020). Diretório para a catequese. São Paulo: Paulinas.

VATICANO II (1968). *Compêndio do Vaticano II.* Constituições, decretos e declarações. 9ª Petrópolis: Vozes.

12

PENSANDO O LAICATO MISSIONÁRIO: ALGUMAS PISTAS PARA SUA PROMOÇÃO

Marta Barral Nieto

Introdução

Nos anos de magistério do papa Francisco saímos das referências ao suposto "protagonismo do laicato"... ao caminhar juntos: "é hora de pastores e leigos caminharem juntos em todos os âmbitos da Igreja e em todas as partes do mundo". E isso certamente inclui, sem a menor dúvida, o âmbito da missão *ad gentes*. Só espero que desta vez não nos parem o relógio de novo!

Temos mais ou menos assumido a ideia de uma Igreja-comunhão em que todos os seus membros gozam da mesma dignidade, onde todos e todas somos indispensáveis e temos o dom e a responsabilidade de ser e caminhar juntos na Igreja e no mundo, a partir de nossos diferentes carismas. Mas fazer realidade as intuições que o Espírito suscita na experiência eclesial continua a ser um desafio. A maioria do Povo de Deus, o laicato, ainda não se apropriou de sujeito estando na Igreja, talvez porque, no fundo, as ações e as estruturas permanecem ancoradas no passado, "a eclesiologia se renova, mas não a Igreja. Se pensa que a vocação e a missão do leigo na Igreja são repensadas, mas não são promovidas as condições mínimas para que o laicato possa assumir e realizar a vocação e a missão que lhes são indicadas" (PARRA, 1987, p. 179).

Começamos o caminho do laicato missionário ligado às congregações missionárias, alguns passos foram dados neste sentido, iniciando por nos considerarmos família, alguma colaboração em atividades de animação missionária, algumas experiências de missão... mas não o suficiente, e temo que algumas dessas ações tenham acabado sendo um "deixe os outros caminharem junto comigo" em vez de aprenderem juntos marchando pela estrada. Não é fácil mudar velhos hábitos, ainda mais se isso significa abrir o que consideramos nossos espaços e compartilhá-los com outros e outras.

Às vezes, a menção da necessária autonomia do laicato (para evitar uma dependência que possa fomentar atitudes clericais) também esconde uma tentativa de justificar ignorar uma realidade que não sabemos bem como afrontar e que estamos deixando de lado. Mas a missão *ad gentes* das e dos leigos diz respeito a toda a Igreja, e vivê-la em comunhão libertadora é o caminho que Deus nos indica.

O protagonista da missão é o Espírito Santo e todos os batizados e todas as batizadas somos enviados por todo o mundo para anunciar a Boa-Nova. A Igreja precisa aprofundar a vocação laical e a vocação missionária do laicato para que, entendendo a especificidade desta forma de vida eclesial, seja capaz de realizar ações pastorais que promovam o compromisso missionário dos leigos e incorpore medidas de renovação na Igreja e na sociedade que tornem possível sua participação na missão universal. Uma missão a ser concebida e implementada de forma compartilhada. Se de verdade queremos ser uma família carismática, temos um longo caminho a percorrer neste sentido.

O Laicato

Para começar, devemos aproximar-nos dos leigos e das leigas, conhecê-los e reconhecê-los em sua dignidade de cristãos. O papa Francisco nos convida a enfatizar o acento no que nos une e não no que nos separa. Somos todos discípulos e todas discípulas, todos e todas recebemos o batismo.

No início da Igreja, leigos e leigas formavam a comunidade constituída pela fé em Cristo, em oposição aos gentios e judeus. Não estavam fora da hierarquia, mas formaram com ela uma unidade, expressa particularmente na vida sacramental. Isso se perdeu nos primeiros séculos e na atualidade, embora se mantenha o sentido de membro da Igreja, o termo *leigo* refere-se à pessoa cristã que não tenha recebido a ordenação sacerdotal.

O Concílio Vaticano II atribui aos leigos (homens e mulheres) a condição comum de todos os fiéis que são incorporados a Cristo pelo batismo, membros do Povo de Deus, partícipes da função sacerdotal, profética e real de Cristo, que têm a vocação própria de buscar o Reino de Deus tratando e ordenando, segundo Deus, assuntos temporais (LG 31).

A vocação laical representa o modo ordinário como o Espírito faz com que seja dada à Igreja a condição de fiel, na qual convergem o batismo e a secularidade inerentes ao batismo e ao modo carismático de viver o batismo. A vida laical é um sinal da presença do Reino no conjunto das relações da ordem da criação (familiares, sociais, econômicas, políticas etc.) (MERONI y GIL, 2017, p. 75-76).

O fiel leigo vai tomando consciência progressivamente, com a ajuda da graça divina, de sua chamada, do desígnio de Deus para sua existência. O específico da vocação das e dos leigos reside em perceber que a vida ordinária no mundo, com todas as suas vicissitudes, forma parte do desígnio de Deus e não é apenas o resultado da existência natural na terra. Não se é uma pessoa leiga pelo fato de não ter recebido outro chamado, não somos "hóspedes" na Igreja, formamos parte de pleno direito, junto ao resto das formas de vida eclesiais.

O Laicato Missionário

Tendo claro que o laicato é parte essencial do mistério da Igreja; se a tarefa missionária nasce das profundezas da Igreja, é evidente que também lhe corresponde assumir sua responsabilidade na missão e, mais concretamente, na missão *ad gentes*. Não de maneira pontual, mas sendo sujeitos ativos dela.

Embora agora possa parecer estranho, o anúncio do Evangelho desde o início foi feito por leigos e leigas, pessoas comuns do povo (os ministérios ainda não estavam "ordenados"), e a Boa-Nova se espalhou rapidamente. Maria é reconhecida como a primeira missionária, apenas uma adolescente que carregou Jesus em seu ventre foi visitar sua prima Isabel. Nos primórdios da Igreja, o Evangelho difundiu-se pela ação missionária do que hoje consideramos laicato, esses enviados especiais que a *Redemptoris Missio* cita quando assinala que *a comunidade cristã de Antioquia envia seus membros a missionar* [... e] a *missão é considerada como um compromisso comunitário e uma responsabilidade da Igreja local, que tem a necessidade, precisamente de "missionários" para se lançar para novas fronteiras* (RM 27b).

Mas rapidamente essa situação mudou, começou a se distinguir o clero e a marginalização do laicato; a estrutura *de comunhão* da Igreja e o sacerdócio comum dos fiéis foram ignorados. Essa situação se perpetuou até o início do século XX, quando Pio XI, o "papa das missões", fez com que a missão dos leigos começasse a ter destaque, promovendo três ações importantes: a separação entre Igreja e Estado; a retirada da política clerical e a publicação da encíclica *Ubi arcano* (1922), onde destacou a importância do apostolado e da missão laical. Além disso, essa encíclica insiste em que a missão do laicato não reside em sua extraordinária participação no apostolado hierárquico, mas tem suas próprias raízes no Batismo, na Crisma e no Matrimônio. Igualmente, acrescenta, os âmbitos seculares: trabalho, família e negócios, possuem, graças à ordem criadora, sua própria dignidade e legitimidade (HERNANDO GARCÍA, 2019, p. 32).

A questão foi retomada pelo Concílio Vaticano II, que tratou de animar os leigos a dedicarem-se à missão *ad gentes*, quer em documentos de natureza missionária (AG 22, a EN 73.8 ou RMi 71) como nós propriamente dedicados ao laicato (*Chris-*

tifidelis Laici 35 e *Familiaris Consortio* 54), que propõem a missão *ad gentes* aos leigos seculares solteiros e casados como forma de realizar sua vocação laical e contribuir à vida e ação pastoral da Igreja (MARTÍNEZ SÁEZ, 2009, p. 318).

Mais recentemente, Francisco insiste que "*em virtude do Batismo recebido, cada membro do povo de Deus tornou-se discípulo missionário (cf. Mt* 28,19). Cada um dos batizados, independentemente da própria função na Igreja e do grau de instrução de sua fé, é um sujeito ativo de evangelização, e seria inapropriado pensar *em um esquema de evangelização realizado por agentes qualificados enquanto o resto do povo fiel seria apenas receptor de suas ações*" (EG 120).

O sacramento do Batismo está na origem da chamada à vida cristã no estado laical e também da chamada à missão *ad gentes* (é o Espírito que distribui os carismas e inspira a vocação missionária no coração de cada pessoa), não existe contradição entre eles e toda a Igreja é responsável por articular os meios, as ações e estruturas para que ambas as vocações possam ser plenamente vividas.

A missão é única e global, cada um e cada uma contribui para ela a partir de suas capacidades pessoais, seu carisma particular e de seu próprio estado de vida (sem quebrar o espírito de comunhão da Igreja, pelo contrário, enriquecendo-a com a diversidade). Só promovendo o compromisso missionário de todo o Povo de Deus será possível conseguir a recuperação da vitalidade missionária da Igreja. Isso implica ajudar os leigos a viver plenamente sua vocação missionária, conciliando a realidade secular com a dedicação à missão *ad gentes*.

A vocação e a corresponsabilidade vividas com maturidade levam ao compromisso evangelizador, que é a razão da Igreja e de sua missão fundamental: levar a Boa-Nova a todos os cantos da terra (cf. At 1,8). O laicato, em virtude de sua fé, é chamado a ser discípulos e a renovar o compromisso que sua vocação implica (VÉLEZ e SIERRA, 2007, p. 46).

No caso específico da missão universal da Igreja, a dificuldade de conciliar as situações pessoais envolvidas em um estado de vida eclesial, como é o dos e das seculares (família, trabalho, relações sociais...), com a missão *ad gentes* (que implica também um compromisso pessoal total: formação especializada, viagens a países distantes por longos períodos de tempo, inculturação...), faz com que muitos cristãos reelegem em parte ou desistam de seu compromisso missionário. Ao sentir as duas vocações, sentem-se divididos (um conflito que, em ocasiões, se estende aos outros membros da família) e frustrados por não serem capazes de responder com fidelidade a elas, tendo de prevalecer uma delas.

Há quem esteja convencido de que as e os leigos missionários o somos em todos os aspectos e circunstâncias de nossa vida (trabalho, família, atividades cotidianas) e a especificidade da missão universal da Igreja acaba se diluindo. Também é frequente encontrar pessoas que adiam projetos pessoais (casal, família, desenvolvimento de uma carreira profissional...) até o retorno de uma experiência missionária, após vários anos, para "matar a curiosidade" da missão *ad gentes*, e retornar ao lugar de origem, onde continuarão anelando por uma parte de sua vocação e se dedicarão a desenvolver seu compromisso missionário em sua própria comunidade cristã (animação missionária, oração, apoio econômico..., que não o preenchem completamente, porque sentem que foram as circunstâncias que motivaram a decisão de voltar). Algumas pessoas afortunadas formam famílias nas quais os membros compartilham a vocação missionária e conseguem realizá-la juntos, sendo enviados em família; nesses casos, questões familiares, como a necessidade de uma educação escolar para os filhos e as filhas, muitas vezes, marcam a data do retorno.

Há numerosas vidas que dão rosto a estas situações e outras muitas parecidas, todas elas exemplos de fé, ousadia, de missionariedade e do potencial da corresponsabilidade na missão; mas, como Igreja, não devemos conformarmos com esses testemunhos quase anedóticos, e darmos por satisfeitos com a pouca participação do laicato, por mais significativa que seja.

A promoção do laicato missionário

A promoção do laicato missionário, diante da complicada harmonização da vocação laical e da vocação missionária, é uma tarefa de toda a Igreja, caso contrário nunca será possível superar os "caminhos paralelos" e a missão *ad gentes* continuará a ser considerada um feudo de congregações religiosas. As reflexões sobre a teologia e a espiritualidade do laicato devem ser acompanhadas por iniciativas pastorais e ações de reforma e renovação no âmbito eclesial e social que permitam a adaptação das instituições para que deem resposta às necessidades dos "novos" agentes evangelizadores (que não são cópias ou substitui sacerdotes, religiosos e religiosas, mas que são corresponsáveis pela missão com de sua própria idiossincrasia) e as especificidades de seu estado de vida laical: estruturas que respeitam a identidade do laicato evitam o clericalismo, a burocratização e recordam que o objetivo último da missão é fazer presente o Reino de Deus, seu projeto para a vida do mundo e não no fortalecimento das instituições da Igreja (que não é um fim em si mesmo, mas um instrumento e uma mediação do Reino).

Iniciativas pastorais

As Pontifícias Obras Missionárias definem a pastoral missionária como a ação evangelizadora da Igreja, que procura despertar, animar e sustentar em todos os batizados o espírito missionário universal da fé cristã, para que realizem, com maior eficácia, a possível missão local e universal.

Seguindo a Encíclica *Redemptoris Missio*, a pastoral missionária compreende quatro serviços: animação missionária, formação, comunhão e cooperação (RM. 83), que procuram dinamizar o processo evangelizador para que os fiéis cheguem a comprometer-se, deem testemunho, anunciem e acompanhem outras pessoas em sua conversão e no crescimento de sua fé, mantendo sempre vivo este processo.

O objetivo da pastoral missionária é claro, aspira que todos os fiéis, incluindo leigos e leigas, comprometam-se e anunciem o Evangelho. Mas como pô-los em prática? Em nossas paróquias e nos espaços de atuação estamos a desenvolver um ministério pastoral missionário que favoreça o despertar missionário de todo o Povo de Deus e concretamente o laicato? Que aspectos devemos incluir em nosso serviço para dinamizar o compromisso missionário a partir de qualquer forma de vida eclesial?

1. A Animação Missionária e Vocacional

A animação missionária procura despertar e alimentar a consciência da missão nos batizados, somos enviados e enviadas por Deus ao mundo atual para sua evangelização. Com diversas ações e meios, pretende ajudar os cristãos e as cristãs a descobrirem o desígnio de Deus em sua vida, a escutar a chamada pessoal de Jesus, a sentir o convite a transformar a sociedade segundo Jesus Cristo, a promover a dignidade humana, a trabalhar pela justiça e pela paz, a cuidar da casa comum... e desenvolver o dinamismo apostólico do Povo de Deus.

Para isso, é necessário despertar a vocação missionária. Embora seja o Espírito Santo que chama e desperta as vocações, é necessário criar o ambiente para que o chamado seja ouvido e se possa responder a partir da liberdade e da consciência. No caso das vocações à vida sacerdotal e à vida religiosa consagrada, são evidentes os esforços e os recursos que a Igreja dedica a esta questão; mas quando se trata das vocações missionárias laicais, com frequência são borradas dentro de um marco, que tem como referência a missão religiosa e que considera o laicato como destinatário e não como sujeito.

Os meios, geralmente, utilizados na animação missionária são a oração, a informação missionária, a motivação missionária, os encontros, as pequenas experiências de serviço missionário, o acompanhamento missionário... como missionários e missionárias todos temos participado e organizado muitos deles; mas acredito que, se pensarmos naqueles em quem a vocação missionária leiga foi tratada em igualdade de condições com a consagrada, o número é consideravelmente reduzido: quantas orações preparamos focadas em despertar vocações leigas? Em nossas orações habituais, ao pedir "operários para a messe" temos incluído explicitamente os missionários seculares? (e não servem as menções aos benfeitores que apoiam nossas atividades). Preocupamo-nos de que na informação missionária que realizamos e/ou compartilhamos para que apareçam as situações, necessidades e experiências do laicato? Que acompanhamento damos às pessoas que expressam uma solicitude missionária leiga? Como as ajudamos a discernir e aprofundar sua vocação?

Sem entrar em mais detalhes, é necessário repensar a animação missionária e vocacional para que responda e ajude a formar uma Igreja que seja o Povo de Deus, sinodal, na qual o laicato assuma sua responsabilidade social e eclesial (missão *ad gentes* incluída).

2. A formação missionária

Sem dúvida, todos os missionários e todas as missionárias, independente de seu estado de vida eclesial, devem preparar-se e formar-se (teologia, espiritualidade e metodologia missionária) para responder às exigências do trabalho evangelizador. Essa formação nunca termina porque somos chamados a crescer no discipulado, procurando sempre melhorar nosso conhecimento, aprofundar nosso amor e dar um testemunho mais claro do Evangelho.

A realidade mutável do mundo gera novas circunstâncias e novos desafios para a vida e a convivência que nos obrigam a estar em constante atualização. Também devemos trabalhar do ponto de vista humano, emocional e relacional, desenvolvendo nossas potencialidades e cultivando atitudes sinodais, de reciprocidade, de diálogo, de abertura, de escuta, de serviço, de trabalho em equipe... que promovam a corresponsabilidade.

É importante desenvolver um programa de formação do laicato missionário (para não permanecer apenas em formações ocasionais) que proporcione conhecimentos teóricos que fundamentem a prática missionária, fortaleça seu protagonismo no projeto de Deus e o ajude a ir ao encontro das pessoas que mais sofrem, especialmente nas novas fronteiras geográficas, sociais e existenciais.

3. A comunhão missionária

A comunhão missionária ajuda-nos a viver uma comunhão eclesial concreta, promovendo a participação de todos, segundo nossa identidade e nosso carisma próprios, integrando todas as forças missionárias na pastoral da comunidade local e da Igreja universal.

A comunhão missionária tem uma estrutura organizacional clara:

• **Os agentes da missão**: o Papa, os bispos, os religiosos e as religiosas e os institutos *ad gentes*, os sacerdotes *fidei donum*, o laicato e os movimentos eclesiais.

• **Estruturas para a atividade missionária**: Congregação para a Evangelização dos Povos, Pontifícias Obras Missionárias, as comissões episcopais para as missões das conferências episcopais nacionais, os conselhos missionários nacionais, as delegações diocesanas de missões, os grupos missionários paroquiais...

Uma análise detalhada dessas estruturas vai além deste artigo, mas ainda há um longo caminho a percorrer antes que elas reflitam o que Francisco chama do “estilo de Deus”: ternura, bondade e proximidade. Devemos refletir cada um e cada uma, como agentes missionários, de qual maneira podemos contribuir para que as estruturas eclesiais respeitem, cuidem e protejam, de modo concreto e real, os carismas e os valores específicos de todos os sujeitos missionários; respondam às novas realidades da missão e se adequem à renovação da Igreja, tendo presente que a coesão interna é o que torna possível a expansão externa.

4. A cooperação missionária

O fruto da animação, da formação e da comunhão expressa-se na cooperação missionária, que favorece a participação e a colaboração da Igreja particular na missão universal da Igreja. É realizado de três maneiras: cooperação espiritual, cooperação material e cooperação com labores missionários.

Este último serviço é o mais orientado para os leigos e desenvolve múltiplas ações e modalidades para fomentar a sensibilidade missionária e envolver os batizados na missão, especialmente com orações e apoio econômico. Nos últimos tempos, a cooperação missionária foi reduzida tanto por fatores externos: as crises econômicas, as fraturas sociais, o individualismo crescente, a indiferença..., mas também pelo surgimento de outros organismos seculares locais e internacionais que recebem apoio da população para colaborar com o desenvolvimento de uma sociedade mais justa e humana; como internos: a falta de credibilidade da Igreja; o declínio e o envelhecimento dos crentes; a dificuldade em comunicar, entusiasmar e contagiar... Devemos continuar a promover a cooperação missionária como sinal daquela Igreja solícita e samaritana que somos chamados a ser.

A pastoral missionária é o motor para a missão e trabalhar nesses quatro serviços é necessário para que a Igreja tenha mais e melhores missionários e missionárias. É necessário repensá-la e adequá-la para que responda aos novos modelos da Igreja que planteia Francisco, que torne visível a missão *ad gentes* do laicato e também fomente as vocações laicais.

As ações no âmbito eclesial

A Igreja está pendente de uma revisão e um aprofundamento do conceito do "missionário" e sua aplicação ao modo de vida laical.

No título II do Livro III do Código de Direito Canônico contém as disposições sobre a atividade missionária da Igreja (Can. 781-792), e define que é o envio o que determina a consideração do missionário (c. 784).

Em meu caso, pertenço a uma comunidade de leigos e leigas que vivem a missão *ad gentes* e que assumem projetos missionários comunitários (que são apoiados humana, espiritual e economicamente pela comunidade), só são considerados missionários aquelas pessoas dentro da comunidade que têm "saído em missão". É uma visão reducionista que não se encaixa em nosso ser missionário comunitário.

É verdade que as e os leigos não se importam muito com os termos jurídicos eclesiais, mas essa falta de reconhecimento da figura do laicato missionário e de sua dedicação à atividade missionária é um freio para sua promoção.

Como consequência desta falta de consideração pelos aspectos laicais da vocação missionária, as instituições eclesiais não estão preparadas para responder às questões práticas e econômicas envolvidas na dedicação missionária por parte dos leigos: vistos, formação (missionária, linguística e outras), viagens, manutenção no destino, cuidados de saúde, aposentadoria, retorno...

É curioso que a Igreja considere que os leigos contribuem para o sustento econômico da missão, mas depois relute em compartilhar esses recursos com o laicato missionário. No caso de envios diocesanos, é difícil encontrar dioceses que estejam dispostas a acolher missionárias e missionários leigos, porque a escassez de fundos os faz priorizar outras ações. Os leigos, que normalmente vivem de seu trabalho, na missão realizam atividades pastorais e exercem sua profissão ao serviço da Igreja, mas as estruturas eclesiais relutam em colaborar em sua manutenção; isso fica reservado para ministros ordenados, religiosos e religiosas.

A situação do laicato vinculado a uma congregação é distinta, cada instituto está organizado de forma diferente, mas a questão econômica sempre está presente e devemos encontrar uma maneira de resolvê-la; nesses casos, estamos mais próximos de considerar e tratar os leigos como mais uma parte da instituição.

A corresponsabilidade entre o laicato e os pastores, que caminham juntos "em todos os âmbitos da Igreja e em todas as partes do mundo", de que fala o papa Francisco, tem de incluir também as questões práticas e econômicas. É necessário avançar na configuração de instrumentos formais que reconheçam ao laicato missionário sua posição e suas funções, respeitando suas idiossincrasias.

As ações no âmbito social

Algumas reformas nas leis sociais poderiam ajudar a garantir os direitos como cidadãos e cidadãs do laicato missionário, embora não se trate de uma promoção direta, que favoreça a atividade missionária.

As estruturas sociais, com as quais cada país organiza sua vida em sociedade (o sistema de segurança social, o sistema de pensões, a saúde pública etc.) e outras prestações sociais, que são um dever e um direito de toda a cidadania, podem supor uma trave para as e os cristãos que, sem terem o amparo de uma instituição eclesial, querem dedicar-se à missão universal da Igreja.

Cumprir as obrigações de cidadania, residindo vários anos fora do país, para ter direito à cobertura de saúde e pensão é um grande desafio para as pessoas leigas, que aumenta se elas têm família, devido ao gasto econômico e a burocracia envolvida. Todos têm de garantir como pode ser criativo para encontrar a lacuna na legislação que se ajuste tanto quanto possível a sua situação e, assim, poder garantir um mínimo de seus direitos, especialmente pensando no futuro.

Em alguns países, a pedido das associações do laicato missionário, as instituições religiosas estão gradualmente tomando consciência desse problema e, dependendo de sua sensibilidade, seu compromisso e sua capacidade, ajudam (em alguns casos também financeiramente) a assegurar os direitos das missionárias e dos missionários leigos. É um começo, mas não podemos parar por aí.

As estruturas da sociedade devem estar ao serviço de toda a população e do bem comum, incluindo os fiéis que, em virtude de sua fé, decidem organizar sua vida ao serviço da Igreja e dos demais. A Igreja, tanto institucional como de base, deve lançar ações para que os organismos públicos contemplem esta casuística, garantindo seus direitos e que não sejam penalizados quando se dedicarem à missão, mesmo fora das fronteiras de seu próprio país. Por exemplo, seria útil que nos acordos entre Igreja-Estado se contemplasse a condição do laicato missionário, reduzindo os requisitos para a obtenção de um visto de residência e de trabalho.

O horizonte da missão compartilhada com o laicato

No horizonte de superação das "vias paralelas" aos que estamos chamando como Igreja-comunhão surge a "missão compartilhada". Há alguns anos que algumas congregações religiosas seguem esta trilha, motivadas, em um primeiro momento, pela necessidade de contar com pessoas adequadas para continuar suas obras (escolas, hospitais, centros de acolhimento, missão *ad gentes*...), mas isso significou uma mudança de mentalidade.

Entendemos por "missão partilhada" a integração de leigos, leigas, religiosos e religiosas na mesma missão, para encontrar a identidade do próprio dom e serviço, a partir do conhecimento recíproco, da coparticipação e de uma relação de igualdade.

Um estilo participativo de missão (comunidade e diálogo) entre laicato e consagrados ao mesmo nível está demasiado distante de nossa realidade e de nossas práticas. A missão teria de ser colocada no centro. Ninguém reivindicaria o poder de permitir que outro compartilhasse a missão, todos a compartilhariam em uma chave de igualdade, a partir de funções e dons diferentes e complementares. O tom carismático da missão seria diluído em favor de uma identidade carismática complexa que aponta para o universal, no estilo das comunidades intercongregacionais (GARCÍA PAREDES, 2020, p. 5).

Sim, estamos longe, mas não podemos ficar fora deste movimento renovador do Espírito dentro da Igreja hoje. É a hora de começar a caminhar!

Conclusão

Neste terceiro milênio, somos convidados a renovar a vocação fundamental de toda pessoa cristã, sua chamada ao discipulado e o compromisso missionário que implica viver uma verdadeira comunhão libertadora entre todo o Povo de Deus, que deixa de lado a separação entre clero e leigos. Isso só será possível com um laicato formado, comprometido e ativo na transformação do mundo, coparticipando de uma Igreja que viva intensa e concretamente a unidade da fé e da missão.

É difícil para nós compreender que, em resposta à iniciativa divina, uma pessoa leiga deixa seu país para partilhar livremente o Evangelho e a vida com quantos ainda não experimentaram a alegria de encontrar o Amor de Deus, especialmente os empobrecidos e excluídos. Talvez se pormos em prática os meios adequados, a "nova primavera do Evangelho" possa chegar também à missão *ad gentes*.

Um bom começo seria realizar ações pastorais que tornem visível, encorajem e fortaleçam o compromisso missionário dos leigos; unindo a incorporação de medidas eclesiais e sociais que articulem e simplifiquem sua participação na missão universal.

Devemos levantar um pouco mais os olhos e abrir nosso coração para *uma missão ad gentes compartilhada* que nos faça superar as "vias paralelas", harmonizando a diversidade de carismas e ministérios para que seja fonte de vida e transformação.

Bibliografia

FRANCO MARTÍNEZ y GONZÁLEZ-MOHÍNO ESPINOSA (2029). La figura y el pensamiento del papa Francisco: Una interpelación misionera, *SEDOS Bulletin*, vol. 51, n. 09/10, p. 2-16, Septiembre-Octubre.

GARCÍA PAREDES (2020). "En misión compartida"!¿ Qué paradigma?, en *https://vidareligiosa.es/en-mision-compartida-que-paradigma/*, 7/9/2020. Acceso en febrero 2023.

HERNANDO GARCÍA (2019). La misión del laico ante los desafíos del siglo XXI, *SEDOS Bulletin*, vol. 51, n. 11/12, p. 31-40, Noviembre-Diciembre, 2019.

MARTÍNEZ SÁEZ. (2009). El laicado misionero: esbozo del planteamiento de la problemática y de soluciones jurídico-canónicas, *Commentarium Pro Religiosis et Missionariis*, vol. 90, fasc. III-IV, p. 317-333.

MERONI y GIL (coords.) (2017). Laicado y misión, Madrid, PPC.

PARRA (1987). Condiciones mínimas para que el laicado sea iglesia, *Revista Theologica Xaveriana*, n. 83, año 37/2, p. 179-197, abril-junio, 1987.

URÍBARRI BILBAO (2019). La santidad de los discípulos misioneros. *Revista CONFER*, vol. 58, n. 221, p. 31-53, enero-marzo, 2019.

VÉLEZ C. y SIERRA G. (2007), Los laicos y laicas en la vida de la Iglesia. Una reflexión de la V Conferencia del Episcopado Latinoamericano, *Theologica Xaveriana*, vol. 57, n. 161, p. 33-58, enero-marzo, 2007.

Este livro foi composto com as famílias tipográficas Amaranth e Times New Roman
e impresso em papel Offset 63g/m² pela **Gráfica Santuário.**